Le petit
Hébert

COLLECTION GUIDES POUR TOUS

Responsable de la collection : Ginette Haché
Directrice artistique : Jocelyne Fournel
Directrice de la production : Lucie Daigle

Rogers Média inc.
1200, av. McGill College, bureau 800
Montréal (Québec) H3B 4G7
Téléphone : 514 843-2564

Direction : Carole Beaulieu, Catherine Louvet
Gestionnaire de la Division livres : Louis Audet

Le petit Hébert : La politique canadienne expliquée à mon voisin
ISBN : 978-0-88896-727-5
Dépôt légal : 3ᵉ trimestre 2015
Bibliothèque et Archives nationales du Québec, 2015
Bibliothèque et Archives Canada, 2015

Diffusé par Socadis
Imprimé en août 2015 au Québec, Canada

Pourquoi ce livre?

La politique canadienne vous rebute? Vous avez perdu le fil des changements qui ont bouleversé le Canada depuis l'arrivée des conservateurs au pouvoir, il y a une décennie?

Lisez ce *Petit Hébert*!

Cet ouvrage n'a de petit que le nombre de mots. Il condense en des textes courts, accessibles à tous, un vaste savoir sur l'évolution politique du Canada.

À cet égard, il est grand.

Des espoirs néo-démocrates aux retournements du Bloc québécois, des projets du conservateur Stephen Harper à la montée du libéral Justin Trudeau, des débats sur l'avortement à la place du Québec à Ottawa, ce *Petit Hébert* regroupe une quarantaine de textes sur la centaine publiée dans les pages du magazine *L'actualité* par la chroniqueuse politique Chantal Hébert.

Peu de journalistes contemporains ont autant contribué à une meilleure compréhension du Canada par tous ses citoyens que Chantal Hébert, à qui l'Université de l'Alberta a récemment décerné un doctorat *honoris causa*.

Véritable pionnière, elle a défriché à la machette de son intelligence acérée une place pour les femmes journalistes dans la jungle encore aujourd'hui très masculine des parlements.

Son professionnalisme exacerbé lui vaut la confiance des politiciens de tous les horizons idéologiques. Ils constatent qu'elle les traite tous avec une égale sévérité, mais aussi avec respect pour les hautes fonctions qu'ils occupent.

Sa popularité auprès du public, tant francophone qu'anglophone, repose entièrement sur la force de ses idées et l'acuité de ses analyses. Il y a bien longtemps que les studios de télévision ont compris que Mme Hébert ne se maquille pas et ne fait pas d'efforts d'élégance pour le plaisir des faiseurs d'image. Elle est ce qu'elle est. C'est à prendre ou à laisser. Les téléspectateurs l'ont compris et l'admirent d'autant.

En bientôt 15 ans de collaboration au magazine, elle n'a mis les pieds dans nos bureaux que deux ou trois fois. Chantal Hébert est un esprit libre qui ne vit pas en meute. Mais à chaque nouvelle chronique qu'elle dépose, elle nous rappelle que la joute politique canadienne peut être parfois palpitante. Et surtout, qu'elle nous concerne tous.

Carole Beaulieu,
rédactrice en chef et éditrice de *L'actualité*

Lettre au prochain premier ministre

Félicitations. Le 40ᵉ Parlement est vôtre. Vous en prendrez officiellement possession d'ici quelques mois. Mais si vous voulez en sortir, en bout de mandat, la tête aussi haute qu'en entrant, vous avez du pain sur la planche.

Contrairement à vos prédécesseurs, vous ne trouverez pas sur le dessus de la pile de dossiers qui vous attendent celui de la relation Québec-Canada. Au cours de la campagne électorale, on n'a jamais tant parlé favorablement du rôle du Canada dans l'épanouissement culturel du Québec.

Ça tombe bien, car il n'y a pas dans votre équipe québécoise suffisamment de grosses pointures pour gagner une partie de hockey-bottines, encore moins un match référendaire. Votre premier défi consistera à composer un cabinet qui respecte les règles de la nécessaire représentation régionale sans violer les exigences minimales en matière de compétence ministérielle.

Cela dit, vous avez échangé une guerre de mots sur la Constitution contre une vraie guerre, en Afghanistan. Au cours de la campagne électorale, votre parti s'est engagé sans détour à mettre fin à la mission du Canada en Afghanistan en 2011. C'est bien la première fois que, dans un conflit armé, une des parties fixe arbitrairement la fin de sa participation aux hostilités. Vos généraux font la queue devant la porte de votre bureau pour demander quoi dire à leurs vis-à-vis de l'OTAN et à leurs alliés afghans sur la suite des choses à Kandahar.

Vous aurez la malchance de diriger le Canada en période de vaches maigres. Le cycle de prospérité dont ont profité les premiers ministres canadiens depuis 15 ans est terminé. Et depuis 40 ans, aucun gouvernement fédéral n'a tiré son épingle du jeu au cours d'une récession sans noyer les finances publiques dans l'encre rouge.

Depuis que les gouvernements ont fait vœu d'équilibrer leurs budgets, pendant les années 1990, la bonne performance de l'économie leur a toujours permis d'arrondir leurs fins de mois. Vous aurez l'occasion de mettre le crédo du déficit zéro à plus rude épreuve. Or, vos coffres sont de plus en plus vides. Et vous avez promis de ne pas augmenter les impôts. Votre ministre des Finances aura un beau casse-tête sur les bras.

Son collègue de l'Industrie ne chômera pas non plus. Le retard du Canada dans la lutte contre les changements climatiques est le symptôme d'un bien plus grand malaise sur le front de l'économie : celle du Canada n'a jamais été configurée pour résister à un choc énergétique durable.

Pour chaque dollar qui entre dans les coffres des provinces productrices d'énergie, il en sort davantage des coffres de l'économie canadienne dans son ensemble. Dans les faits, la vieille économie — celle qui carbure aux richesses naturelles — est en voie de tuer la nouvelle, qui a besoin d'investissements en matière de savoir et d'innovation pour se diversifier.

Le plus gros déséquilibre fiscal au Canada n'est plus vertical, mais horizontal, entre les provinces productrices d'énergie et les consommatrices. À moins de changer les règles de la redistribution des recettes fiscales au Canada, ce déséquilibre ira en augmentant. D'ici la fin de votre mandat, l'Ontario pourrait grossir les rangs des provinces moins nanties.

Votre ministre des Affaires étrangères sera le sixième chef de la diplomatie canadienne en six ans. C'est beaucoup. Après des années de chaise musicale, les partenaires du Canada ne savent pas toujours sur quel pied danser. De plus, le début de votre mandat coïncide avec celui d'un temps fort sur la scène internationale.

Vous allez avoir l'occasion d'écrire une nouvelle page dans le grand livre des relations canado-américaines. Paradoxalement, les attentes canadiennes à l'égard du nouveau président sont aussi élevées que celles à votre égard sont basses. Vous pourriez faire pire que de vous précipiter à Washington pour vous faire photographier aux côtés du nouveau locataire de la Maison-Blanche.

Finalement, le Canada a besoin d'un peu plus de gouvernance et d'un peu moins d'électoralisme. Depuis le départ à la retraite de Jean Chrétien, en 2003, les Canadiens sont allés aux urnes trois fois. Ces cinq ans passés dans les tranchées électorales ont laissé des marques sur les institutions fédérales.

La Chambre des communes, qui devrait être le temple de la démocratie canadienne, est tombée entre les mains des marchands d'insultes. Les forts en gueule — plutôt que les forts en thème — ont pris le haut du pavé.

Pour hausser le calibre des débats et la performance de votre équipe, vous pourriez accorder une plus grande place aux femmes dans votre gouvernement. La recette fait merveille pour Jean Charest! (*1er novembre 2008*)

Harper et le Québec : un point de non-retour

Depuis qu'il en est le chef, Stephen Harper incarne le Parti conservateur fédéral au Québec. Pendant ses premières années à la tête de sa formation, il l'a littéralement portée à bout de bras. Aujourd'hui, il la tire inexorablement vers le bas. La relation du premier ministre avec les Québécois semble avoir franchi le point de non-retour.

Si des élections fédérales avaient eu lieu le mois dernier, le Parti conservateur aurait eu de la difficulté à faire réélire ses 10 députés québécois. Depuis le scrutin fédéral de l'automne, le parti régresse dans les intentions de vote, en même temps que le taux de satisfaction à l'égard du gouvernement Harper.

Un exemple : à l'issue du budget du mois dernier, deux Québécois sur trois ont dit à la maison Strategic Counsel qu'ils se considéraient comme les grands perdants du budget fédéral. C'est un chiffre qui évoque un sentiment de persécution et que le contenu du budget ne justifie franchement pas. Surtout qu'il reprenait plusieurs des éléments du fameux pacte conclu par les partenaires de la coalition de l'opposition.

Si Michael Ignatieff avait présenté le même budget, celui-ci aurait passé la rampe au Québec, estiment bien des analystes. Selon Peter Donolo, de Strategic Counsel, l'imprimatur de Stephen Harper a coulé le budget au Québec. « Tout ce que M. Harper touche au Québec se transforme en plomb », a-t-il expliqué au *Globe and Mail* quelques jours après le dépôt du budget.

Mené à chaud au cours de la semaine qui a suivi ce dépôt, le sondage de Strategic Counsel démontrait que les Québécois acceptaient, dans les mêmes proportions que les autres Canadiens, la nécessité d'endetter le pays pour stimuler l'économie. Et il y avait concordance de vues entre le Québec et le reste du Canada sur le fait que le contenu du budget avait été inspiré par l'instinct de survie du premier ministre plutôt que par ses convictions.

Mais là où les chemins du Québec et du reste du Canada se séparaient, c'est quant à la sévérité du jugement des uns et des autres sur la performance de Stephen Harper.

C'est ainsi qu'au Québec 83 % des répondants imputaient au premier ministre l'entière responsabilité de la crise parlementaire de la fin d'année, et les trois quarts affirmaient qu'il n'en avait tiré aucune leçon durable. C'est le genre de chiffres qui reflètent un jugement sans appel.

Il faut remonter à Brian Mulroney, après Meech et à l'extérieur du Québec, pour trouver un rejet aussi viscéral d'un premier ministre fédéral que celui que subit actuellement Stephen Harper au Québec. Un rejet qui se remarque d'autant plus dans les tribunes médiatiques québécoises que les conservateurs en sont chroniquement absents.

Aucun membre du *Club des ex,* à RDI, n'a d'accointances avec le Parti conservateur fédéral. Stephen Harper est le seul des chefs fédéraux à la Chambre des communes à ne jamais avoir mis les pieds sur le plateau de *Tout le monde en parle.* Parmi les ministres conservateurs québécois, aucun n'a le bagout qui permet à un Denis Coderre ou à un Thomas Mulcair d'occuper beaucoup de terrain médiatique au nom de sa formation.

Depuis la rentrée parlementaire, plusieurs ministres non québécois multiplient les interventions en français, dans l'espoir de faire passer le message de leur gouvernement au Québec. Et Stephen Harper rêve encore de convaincre Mario Dumont de se lancer en politique fédérale. Mais le chef adéquiste démissionnaire ne se voit pas nécessairement dans le rôle de souffleur québécois d'un premier ministre en panne de popularité.

Comme c'est généralement le cas au Canada, un ressac en suscite un autre, et le rejet de Stephen Harper par les Québécois ne se produit pas en vase clos.

On assiste depuis les élections d'octobre à un durcissement marqué du discours canadien envers le Québec, plus particulièrement dans l'Ouest, la base du pouvoir du régime actuel.

Dans les milieux conservateurs purs et durs, on blâme les Québécois pour l'ensemble des malheurs qui se sont abattus sur le parti depuis six mois, à commencer par son échec à remporter une majorité l'automne dernier. Et on s'indigne de l'embellie libérale dans les intentions de vote au Québec.

Si Stephen Harper tentait, dans le contexte actuel, de faire passer une résolution sur la nation québécoise, sa base militante se révolterait. Une fois par génération, le Québec et le Parti conservateur se tendent la main, juste avant de se tomber dessus à bras raccourcis. *(15 mars 2009)*

Stephen Harper et la droite religieuse

Pendant que le Québec débat de laïcité, la religion serait en voie de s'installer à demeure dans l'espace politique fédéral. C'est en tout cas la thèse que défend avec acharnement la journaliste Marci McDonald dans un livre qui est rapidement devenu l'ouvrage politique canadien-anglais à lire ce printemps.

Intitulé *The Armageddon Factor,* ce livre attaque de front l'idée que la droite religieuse est un phénomène marginal au Canada. Selon l'auteure, cette conception ne tient plus la route, surtout depuis que Stephen Harper s'est installé au pouvoir.

Pour étayer sa thèse, Marci McDonald — ancienne chef de bureau de *Maclean's* à Paris et à Washington — dépeint méthodiquement un gouvernement conservateur fédéral en symbiose avec certains des éléments les plus militants de la droite religieuse canadienne et américaine.

Elle souligne combien ces éléments sont omniprésents au sein du gouvernement Harper, y compris dans les rangs de la garde rapprochée du premier ministre. Elle raconte comment, depuis l'arrivée au pouvoir des conservateurs, les lobbyistes de la droite religieuse ont leurs entrées dans les coulisses du pouvoir fédéral.

Au fil des 399 pages, elle place sous la loupe (parfois déformante) de l'idéologie religieuse les virages qu'on a fait prendre à la politique fédérale depuis quatre ans. Cela inclut le virage résolument pro-Israël de la politique étrangère canadienne, qu'elle relie au crédo, répandu au sein de la droite religieuse nord-américaine, selon lequel le rétablissement des frontières bibliques d'Israël serait une condition préalable à la résurrection éternelle.

Sur un plan plus terre à terre, elle démontre comment le désengagement fédéral du front des centres de la petite enfance au profit d'allocations directes aux parents peut constituer un début de réponse à la méfiance des lobbys ultrareligieux à l'égard de l'éducation publique et des valeurs qu'elle transmet. Le reste est à l'avenant.

Bon nombre des éléments que retient Marci McDonald pour étayer sa thèse sont des faits. Certains d'entre eux, par contre, sont matière à interprétation, à commencer par l'idée que la tournure actuelle des événements constitue une démonstration de la force du premier ministre actuel plutôt qu'un aveu de sa faiblesse.

Il est indéniable que le gouvernement Harper est le moins laïque de l'histoire moderne du Canada. Mais si son jupon religieux dépasse de plus en plus, c'est notamment faute de matériel de rechange. Par exemple, Stockwell Day et Jason Kenney, qui sont identifiés dans le livre comme les chefs de file de l'aile religieuse du gouvernement conservateur, sont également deux des ministres les plus performants de Stephen Harper.

Leur influence, toujours grandissante, tient notamment au fait que ceux qui auraient pu leur faire contrepoids brillent par leur absence. Des pratiquants de la politique laïque, comme Michael Fortier et David Emerson, qui avaient été recrutés personnellement par Stephen Harper à son arrivée au pouvoir, sont rentrés dans leurs terres. Le Québec — traditionnellement très réfractaire au cocktail politico-religieux — manque de plus en plus à l'appel du Parti conservateur.

Il y a quelques semaines, Stephen Harper a tenté, en vain, de rallier ses députés à une motion libérale qui stipulait que l'initiative canadienne pour promouvoir la santé maternelle dans les pays en développement devait inclure la contraception et l'avortement. Il a fini par se résoudre à se laisser porter par le courant dominant de son caucus.

Après quatre ans de succès très mitigé sur le front de l'élargissement de la base d'appui conservatrice, le premier ministre est-il vraiment encore un pasteur tenant ses ouailles bien en main, ou plutôt — et de plus en plus — un otage des militants religieux qui ont porté sa formation à bout de bras, pendant plus de 20 ans, dans bien des régions du Canada ?

Dans un cas comme dans l'autre, le fait est que la droite religieuse canadienne n'a jamais été aussi bien placée pour influencer la vie politique fédérale. Et ce n'est peut-être qu'un début.

Dans l'état actuel de l'opinion publique, la mobilisation tous azimuts de la droite religieuse pourrait être une condition essentielle d'une victoire électorale majoritaire des conservateurs. Et si le parti échoue au prochain scrutin, cette mouvance aura une grande influence sur le choix du successeur de Stephen Harper.

Joe Clark, Brian Mulroney, Kim Campbell et Jean Charest ne se reconnaîtraient pas dans le parti qui émerge des cendres de celui qu'ils ont dirigé, et la base militante actuelle de la formation de Stephen Harper ne les voudrait pas comme chefs. (*Juillet 2010*)

✳✳✳

Harperland revisité

En refermant *Harperland,* l'ouvrage que le journaliste Lawrence Martin vient de publier sur les quatre années de pouvoir des conservateurs à Ottawa, de nombreux lecteurs seront tentés de conclure que Stephen Harper est le plus grand danger public qui menace le Canada depuis... Lucien Bouchard.

Dans un ouvrage publié dans la foulée du référendum de 1995 sur la souveraineté du Québec, le même journaliste avait créé un certain émoi en présentant Lucien Bouchard — alors premier ministre de la province — comme un chef politique frappé d'un fort complexe messianique.

Selon l'auteur, l'ascendant qu'exerçait Lucien Bouchard sur les Québécois expliquait le résultat serré du référendum et permettait de craindre le pire pour la suite des choses. À l'appui de ces conclusions, il fournissait en annexe de son livre une évaluation psychiatrique concoctée à distance par une éminence médicale torontoise.

Par comparaison, *Harperland* ne contient pas de véritable bombe. Ceux qui ont suivi l'actualité fédérale depuis l'arrivée au pouvoir des conservateurs, en 2006, n'y perdront pas leur latin. Et ceux qui ont lu l'ouvrage que l'auteur avait consacré à Lucien Bouchard y retrouveront la même grille d'analyse.

À l'époque, Lawrence Martin avait présenté le premier ministre québécois comme un homme qui se croyait investi d'une mission sacrée. Dans *Harperland,* Stephen Harper est dépeint comme un *control freak,* une bête politique animée par la haine viscérale de ses adversaires et motivée par une telle obsession de vouloir tout diriger qu'elle menace la démocratie canadienne.

Comme dans son livre sur Lucien Bouchard, Lawrence Martin enfonce beaucoup de portes déjà ouvertes dans l'opinion publique et en ouvre peu de nouvelles. Après le référendum de 1995, l'hypothèse selon laquelle le résultat avait découlé d'une vague d'hystérie populaire inspirée par un démagogue charismatique réconfortait bien des gens dans le reste du Canada.

Quatre ans après l'arrivée de Stephen Harper au pouvoir, l'idée que le premier ministre conservateur est le diable en personne a fait du chemin parmi les élites canadiennes. On emploie parfois à son sujet des mots qui n'ont normalement pas cours dans le débat politique du Canada — sinon, peut-être, quand il est question des souverainistes.

Lawrence Martin rappelle que l'ancien premier ministre libéral du Nouveau-Brunswick Frank McKenna a déjà décrit le gouvernement Harper comme un régime de brutes (*thugs*). Et il raconte que l'ancien chef néo-démocrate Ed Broadbent a, dans la foulée de la crise parlementaire de 2008, écrit une chronique qu'il concluait en affirmant déceler quelque chose de malsain (*a touch of evil*) chez Stephen Harper. Le chef de pupitre l'aurait convaincu de retrancher cette phrase assassine à la dernière minute.

Certains des passages les plus inédits de *Harperland* vont néanmoins à contre-courant de la thèse principale de l'ouvrage. On apprend notamment qu'en 2007-2008 le premier ministre a écarté l'idée d'une campagne électorale à saveur référendaire sur la mission canadienne en Afghanistan, de crainte de trop diviser le Canada. Le livre confirme également que la prorogation du Parlement fédéral l'hiver dernier — une initiative qui a bétonné l'image dictatoriale de Stephen Harper — était une idée de sa garde rapprochée, à laquelle le principal intéressé avait longuement résisté.

Néanmoins, depuis quatre ans, le premier ministre Harper a fourni abondamment d'éléments à l'appui de la thèse voulant qu'il soit hyper-dirigiste. Lawrence Martin avance avec raison qu'en la matière Stephen Harper surpasse tous ses prédécesseurs et que, pour avoir la haute main sur le message, il a instauré un régime de terreur sans précédent à Ottawa.

L'histoire ne dit pas, par contre, si un autre premier ministre à la tête d'un parti nouvellement reconstitué et minoritaire aussi bien dans son idéologie que dans sa situation parlementaire aurait réussi en adoptant un autre style de gouvernance.

Comme bien d'autres observateurs, Lawrence Martin croit que les Canadiens — compte tenu du caractère brutal qui distingue le gouvernement conservateur depuis quatre ans — ne se résoudront pas à confier une majorité à Stephen Harper. Les sondages vont actuellement dans le sens de cette conclusion.

L'auteur note également que si Stephen Harper quittait la politique demain, son héritage de premier ministre serait mince. Mais il ajoute : « Un premier ministre doit [également] être jugé en fonction de son influence sur la conscience du pays. En moins de cinq ans, l'influence de Stephen Harper a été davantage ressentie que celle de premiers ministres qui ont été deux fois plus longtemps au pouvoir. »

Au bout du compte, Lawrence Martin se retient d'écrire la nécrologie de Stephen Harper. C'est une sage décision. (*15 novembre 2010*)

Stephen Harper : le dernier sommet

Depuis qu'il est revenu en politique pour prendre la direction de l'Alliance canadienne, en 2002, Stephen Harper vit sur le tapis roulant d'une campagne perpétuelle.

En moins de 10 ans, le chef conservateur a mené six campagnes, deux pour le leadership et quatre pour des élections générales. C'est une de plus que Jean Chrétien et deux de plus que Brian Mulroney. Parmi les premiers ministres récents, seul Pierre Trudeau a mené son parti plus souvent en campagne électorale.

Jusqu'à présent, le parcours de Stephen Harper témoigne d'une lente mais constante progression. Chaque vote lui a donné un nouvel élan.

Depuis un mois, il a tout fait pour que ce long entraînement le conduise au dernier sommet politique qu'il lui reste à conquérir, celui d'une majorité gouvernementale. Afin d'y arriver, il a mené une campagne remarquablement disciplinée sur le front du message. Pour aider celui-ci à lever dans l'électorat, il a aussi jeté du lest.

Dès la rédaction du budget mort-né de Jim Flaherty, l'hiver dernier, les stratèges conservateurs s'étaient affairés à évacuer les mesures du style compressions dans la culture, qui avaient miné la campagne Harper au Québec en 2008.

Des gouvernements libéraux passés ont proposé des budgets plus conservateurs que celui présenté le 22 mars dernier.

En campagne électorale, Harper s'est évertué à adoucir d'autres angles de son périmètre idéologique, quitte à hypothéquer un éventuel troisième mandat conservateur.

Parmi ceux-ci, il y a :

• Un engagement renouvelé à ne pas rouvrir les dossiers de la peine de mort ou du droit à l'avortement à la faveur d'une majorité conservatrice. Ce sont deux dossiers sur lesquels le dernier gouvernement majoritaire conservateur s'est cassé les dents, sous Mulroney.

• La promesse d'assurer la pérennité du régime canadien d'assurance maladie en continuant d'augmenter de 6 % les transferts aux provinces après l'expiration de l'entente-cadre sur le financement de la santé, en 2014 — mesure qui réduirait considérablement la marge de manœuvre fédérale sur une foule d'autres fronts.

• Le maintien et l'affirmation du principe d'asymétrie inscrit dans cette entente-cadre, à la demande du Québec, par le premier ministre Paul Martin lors de sa négociation, en 2004.

• Des garanties de prêts pour aider Terre-Neuve-et-Labrador à mettre en chantier ses projets hydroélectriques dans le Bas-Churchill, et l'assurance qu'une offre équivalente sera faite à d'autres provinces, comme l'Ontario, qui est sur le point de moderniser à grands frais ses centrales nucléaires.

• Le versement d'ici l'automne d'un dédommagement rétroactif de plus de deux milliards de dollars au gouvernement du Québec pour avoir harmonisé la TPS avec la TVQ pendant les années 1990.

• Une période de transition de trois ans pour permettre aux partis fédéraux d'amortir l'effet du projet conservateur d'éliminer une partie de leur financement public.

Avec ces engagements, le chef conservateur a beaucoup coupé l'herbe sous les pieds de ses adversaires depuis un mois. Comme on l'a vu à l'occasion des débats de la campagne, il est plus difficile de faire mouche sur un adversaire quand on tire à blanc sur certains des thèmes les plus porteurs du débat politique canadien. À cet égard, l'exemple du financement de la santé, sur lequel les quatre partis fédéraux tentent de chanter la même chanson, est un cas d'espèce.

À l'exception des dispositions touchant le financement politique, tous les engagements énoncés plus haut ont l'appui d'un ou de plusieurs partis d'opposition.

Le prochain gouvernement du Canada — qu'il soit minoritaire ou majoritaire, libéral, conservateur ou néo-démocrate — débarquera au pouvoir avec des attentes de résultats équivalentes sur tous ces fronts. Si on prend les programmes respectifs des partis au pied de la lettre, le choix des chemins budgétaires qu'ils privilégient pour y arriver les distingue davantage que la destination elle-même.

Quoi qu'en dise Stephen Harper depuis le début de la campagne, il n'y a pas de raison pour qu'un autre gouvernement minoritaire conservateur soit moins stable que les précédents. Paradoxalement, il y a encore davantage matière à entente avec un ou plusieurs partis d'opposition dans les engagements électoraux conservateurs que dans le budget qui a déclenché les hostilités électorales, en mars.

Si Stephen Harper se réveille majoritaire le 3 mai, il sera arrivé à ses fins en prenant des engagements que son statut minoritaire ne l'a jamais empêché de réaliser. Peut-être serait-il déjà au sommet qu'il ambitionne s'il avait gouverné sur le même mode que celui sur lequel il fait campagne depuis un mois. *(15 mai 2011)*

Stephen Harper et l'usure du temps

Les gouvernements ne sont pas comme le bon vin. Plus le temps passe, plus leur règne a tendance à tourner au vinaigre.

Au scrutin de 2015, le premier ministre Stephen Harper va demander aux électeurs d'entreprendre une deuxième décennie sous la gouverne des conservateurs. Si le passé est garant de l'avenir, la réponse qu'il espère n'ira pas de soi.

Cet automne, les conservateurs exhibent tous les symptômes associés à l'usure du temps. C'est un malaise dont les manifestations ne varient guère d'un gouvernement à l'autre.

1. Sur le front de la gouvernance, le bagage s'accumule. Les parcours sans faute n'existent pas en politique. Les décisions reportées à plus tard; les dossiers balayés sous le tapis; les squelettes empilés dans le placard; les promesses jamais remplies qui reviennent hanter le parti au pouvoir : tous ces boulets finissent par prendre beaucoup de place.

Leur fardeau contribue à donner l'image d'un gouvernement essoufflé. Après 10 ans, un gouvernement ne peut plus faire campagne sur le dos de son prédécesseur. Il n'a d'autre choix que de défendre son bilan.

Mais rien n'est plus difficile, dans le feu de l'action, que de refaire le plein d'énergie intellectuelle. Le discours du Trône présenté à Ottawa à la mi-octobre en témoigne. Faute d'idée maîtresse ou même de fil conducteur, la seule impression durable qu'il a laissée a été celle d'un gouvernement en panne d'imagination ou d'ambition.

2. Sur le front du parti, l'approche d'un 10ᵉ anniversaire au pouvoir a le don de relancer la question du leadership. Rares sont les chefs qui, après une décennie, ne songent pas à rendre leur tablier. Mais s'ils n'y songent pas, leurs militants et les aspirants à leur succession commencent à le faire pour eux.

Le succès électoral n'est même pas à la clé de cette réflexion collective. Jean Chrétien avait remporté un troisième mandat majoritaire et le PLC était en tête dans les intentions de vote quand une fronde l'a forcé à fixer la date de son départ à la retraite.

Stephen Harper a déjà quatre campagnes et trois victoires derrière lui. Les ministres et ex-ministres qui rêvent de s'installer à sa place ne pousseront pas le premier ministre vers la sortie, mais ils sont de plus en plus impatients de le voir tirer sa révérence. Signe des temps : l'intervention d'un vaste accord de principe entre le Canada et l'Union européenne plus tôt cet automne les a tous incités à accélérer leurs préparatifs en vue du départ éventuel du premier ministre. C'est que, m'expliquait l'un d'entre eux, Stephen Harper n'a désormais plus l'excuse de ne pas avoir d'héritage digne de ce nom pour s'accrocher au pouvoir.

3. La fatigue et le goût du changement s'installent dans l'électorat. Depuis que Justin Trudeau est devenu chef libéral, les conservateurs sont en deuxième place dans les intentions de vote. Les mois passant, il n'est plus tant question de lune de miel libérale que de descente dans les limbes pour les conservateurs. Et en politique, la frontière qui sépare les limbes de l'enfer est poreuse.

La crise au Sénat n'a évidemment pas aidé à redonner du lustre au parti. Elle a rapidement éclipsé les retombées positives pour les conservateurs de l'entente Canada-Europe dans l'opinion publique. Elle a exposé au grand jour des divisions de plus en plus criantes au sein du parti. Le fait que la controverse mette en cause le premier ministre lui-même n'arrange rien à l'affaire. Surtout, à l'instar du conflit étudiant qui a eu raison du gouvernement de Jean Charest en 2012, l'épisode du Sénat montre que l'équipe

Harper réussit de moins en moins à gérer les crises et qu'elle a plutôt tendance à les exacerber.

Il est arrivé à quelques occasions dans l'histoire politique récente du Canada qu'un parti obtienne un quatrième mandat consécutif au pouvoir. Les libéraux de la Colombie-Britannique ont réalisé cet exploit pas plus tard qu'au printemps dernier. Les néo-démocrates en ont fait autant au Manitoba en 2011, et les conservateurs de l'Alberta en sont à leur... 12e mandat. Cela n'explique pas tout, mais ces partis qui ont franchi sans encombre le cap du 10e anniversaire au pouvoir s'étaient tous refait une jeunesse en changeant de chef. *(1er décembre 2013)*

L'homme qui voyageait seul

Pour sa dernière campagne électorale comme chef libéral, en 2000, Jean Chrétien n'avait ménagé aucune précaution pour finir en lion, à la tête d'un autre gouvernement majoritaire.

À l'époque, les relations du premier ministre avec son ministre des Finances étaient déjà tendues. Rien n'empêche que c'est bras dessus bras dessous que Paul Martin et Jean Chrétien avaient été montrés dans les publicités électorales libérales.

À l'époque, l'ex-premier ministre Joe Clark — un conservateur progressiste — venait de reprendre la direction du parti du même nom. Stockwell Day, ex-ministre des Finances bilingue de l'Alberta, s'était installé aux commandes de l'Alliance canadienne.

Fort de son bilan aux Finances et de sa réputation dans la communauté d'affaires, Paul Martin avait le profil idéal pour inciter les électeurs de centre droit à ne pas succomber à la tentation du changement. En prime, il était plus populaire que son patron au Québec. La recette a fait succès, et Jean Chrétien a réalisé l'exploit de remporter un troisième mandat majoritaire consécutif. On peut dire que c'était du travail d'équipe.

Outre Paul Martin, l'ancien premier ministre pouvait, entre autres, compter sur Lucienne Robillard, Martin Cauchon, Denis Coderre, Pierre Pettigrew et Stéphane Dion au Québec. Parmi sa députation ontarienne, il pouvait notamment s'appuyer, à gauche, sur Sheila Copps, et à droite, sur John Manley.

En Alberta et en Saskatchewan, deux terres arides pour son parti, Jean Chrétien disposait tout de même de la ministre de la Justice, Anne McLellan, et de Ralph Goodale, un ancien chef libéral à Regina, pour tenir la barre. Et après avoir été premier ministre de Terre-Neuve-et-Labrador, Brian Tobin avait repris du service en politique fédérale.

À l'automne 2000, tout le monde était convaincu que Jean Chrétien était sur les rangs pour la dernière fois. La perspective d'une bataille pour la succession avait stimulé ses candidats-vedettes. Ils voulaient tous (et toutes) saisir l'occasion de se faire valoir.

Dans des circonstances similaires, c'est une virée en solitaire qui attend Stephen Harper pour ce qui est sans doute sa dernière campagne. En 10 ans, le chef conservateur a fait le vide autour de lui, à droite comme à gauche.

De la solide équipe allianciste qui l'entourait à son arrivée au pouvoir, il ne reste rien. Ses derniers ténors, les députés albertains Diane Ablonczy et James Rajotte, ont fait leurs adieux aux Communes le mois dernier.

Sur le trio ontarien que formaient Jim Flaherty, John Baird et Tony Clement, seul ce dernier se représentera. L'ancien chef progressiste-conservateur Peter MacKay, qui avait uni ses troupes à celles de Stephen Harper en 2003, a tiré sa révérence.

Des ministres assimilés au courant plus modéré du gouvernement, comme Christian Paradis, Shelly Glover et James Moore, ont choisi de ne pas se représenter.

En matière d'influence, Jason Kenney, l'homme fort de la droite religieuse au Cabinet, règne de plus en plus sans partage sur le caucus conservateur, tandis que des croisés de la droite pure et dure dominent la garde rapprochée du premier ministre. L'isolement de Stephen Harper pourrait lui jouer un mauvais tour cet automne.

La montée du NPD dans les intentions de vote a brouillé les cartes. Jusqu'à tout récemment, la stratégie conservatrice consistait à doubler le chef libéral, Justin Trudeau, dans les intentions de vote pour filer vers un autre gouvernement majoritaire. Mais à moins d'un retour du balancier d'opposition vers le PLC d'ici la fin de l'été, cette stratégie ne tiendra pas la route.

Aux dernières élections, des sympathisants libéraux effarouchés par la vague orange québécoise s'étaient ralliés à Harper pour contrer la montée du NPD dans le reste du Canada. Ce mouvement avait été particulièrement prononcé en Ontario, province où les souvenirs du difficile mandat néo-démocrate de Bob Rae à Queen's Park perdurent.

Si la tendance néo-démocrate se maintient, les stratèges conservateurs vont dépoussiérer ce plan B pour tenter de se tirer d'affaire aux élections de cet automne. Mais sera-t-il aussi payant, maintenant que les personnages conservateurs les plus susceptibles d'inspirer confiance aux électeurs centristes, dont Stephen Harper va devoir battre le rappel pour l'emporter de nouveau, ne sont plus là? (*Août 2015*)

Le cas Jim Prentice

De toutes les permutations du dernier cabinet fédéral, la nomination du ministre albertain Jim Prentice à l'Environnement est celle qui a fait le plus jaser. Personne ne s'attendait à voir celui qui s'est imposé comme l'homme de confiance de Stephen Harper quitter en pleine tourmente l'Industrie et la première ligne du débat économique. Au contraire, bien des observateurs le voyaient aux Finances.

Beaucoup ont vu dans sa nomination une punition imputable aux possibles ambitions au leadership de Jim Prentice. Il a été candidat à la direction du défunt Parti progressiste-conservateur en 2003, course qu'il avait terminée deuxième. Et Stephen Harper a la réputation de garder suffisamment jalousement son territoire pour désirer savoir qui, parmi ses ministres, est le plus assidu à suivre des cours de français.

Mais l'idée d'une rétrogradation ne tient pas la route à la lumière de la décision du premier ministre de maintenir Jim Prentice en poste comme président de l'influent Comité des opérations du Cabinet, cercle restreint de ministres qui pilote les activités au quotidien du gouvernement. Au sein de l'appareil fédéral, le vrai pouvoir se calcule selon la place qu'un ministre occupe dans ce genre de comité plutôt qu'en fonction de la position de son ministère dans l'ordre de préséance du Cabinet.

Ainsi, du temps où il était aux Affaires indiennes, portefeuille de second rang, Jim Prentice exerçait déjà plus d'influence que la vaste majorité de ses collègues. Ce n'est d'ailleurs pas un accident s'il occupait la place voisine du premier ministre à la Chambre des communes.

Questionné au sujet du changement d'affectation de son ministre-vedette le jour du remaniement, Stephen Harper a fait un détour pour relier la nomination de celui-ci à la nécessité d'accorder environnement et économie. Il n'en fallait pas plus pour relancer l'idée que le gouvernement se préparait à reléguer de nouveau l'environnement au rang de parent pauvre. Là encore, il s'agit d'une lecture simpliste de la réalité. Quand on veut qu'un ministère joue un rôle secondaire à Ottawa, on le confie à un titulaire obscur. Il n'en manque jamais sur les bancs du gouvernement, aussi minoritaire soit-il.

S'il fallait avoir des inquiétudes au sujet du nouveau cabinet Harper, ce serait plutôt sur le front social, où des novices ont hérité de postes de premier plan, en particulier à la Santé.

Le parcours du dossier de l'environnement à Ottawa démontre que les progrès les plus importants ont été faits quand le portefeuille a été confié à des ministres ambitieux qui avaient l'oreille du premier ministre, comme Lucien Bouchard et Jean Charest, plutôt qu'à des apôtres prêchant dans le désert, comme Sheila Copps et Stéphane Dion.

Depuis le remaniement, les présidentielles américaines sont venues jeter un autre éclairage sur l'arrivée de Jim Prentice à l'Environnement. Les votes n'étaient pas sitôt comptés que le gouvernement Harper signalait son intention de reprendre aux provinces l'initiative de la négociation d'une Bourse du carbone. Dorénavant, Ottawa entend discuter d'État à État des structures économiques à mettre en place dans la lutte contre les gaz à effet de serre.

L'Alberta a pris note de ce changement de ton. Son premier ministre, Ed Stelmach, était trop pris pour aller à la rencontre des premiers ministres sur l'économie, début novembre, mais il est plus que disposé à se libérer pour occuper la place qu'il réclame à la table de futures négociations avec Washington sur l'énergie et l'environnement.

Car c'est bien de cela qu'il s'agit. En campagne, Barack Obama a autant, sinon plus, parlé d'autosuffisance énergétique (en particulier par rapport au Moyen-Orient et au Venezuela) que de changements climatiques. Il est également partant pour une Bourse du carbone.

La mission de Jim Prentice consiste à concrétiser deux grands objectifs de Stephen Harper : faire du Canada une mégapuissance énergétique et lutter contre les changements climatiques dans un cadre nord-américain.

À terme, ce projet pourrait être au règne de Stephen Harper ce que le traité canado-américain de libre-échange a été à celui de Brian Mulroney. Et les conseillers du premier ministre sont convaincus qu'ils auront en Barack Obama non seulement un interlocuteur intéressé, mais un président dont la popularité au Canada est susceptible de faire tomber bien des barrières.

Il y a encore loin de la coupe aux lèvres, mais ce qui est certain, c'est que Jim Prentice va se retrouver au cœur de l'action comme aucun de ses prédécesseurs à l'Environnement ne l'a été. *(15 décembre 2008)*

Le défonceur de portes ouvertes

Dans ses temps libres, qui sont nombreux étant donné la modestie de ses responsabilités de ministre d'État à la Petite Entreprise, Maxime Bernier se plaît parfois à jouer l'électron libre.

Une fois tous les cinq ou six mois, le député conservateur de la Beauce allume un feu de paille, histoire peut-être de combattre l'obscurité dans laquelle il évolue au quotidien sur la colline du Parlement.

Le ministre n'est pas toujours facile à suivre. Il y a des jours où il diagnostique des bobos à son propre gouvernement, et d'autres où il joue les docteurs auprès de la province où il a été élu député fédéral.

Plus personne ne croit qu'un missile aussi imprévisible est télécommandé par le premier ministre. Et à l'usure, les préfets de discipline conservateurs ont pu constater que le député ne joignait pas nécessairement le geste de défiance à la parole.

Il y a quelques années, Maxime Bernier s'était insurgé publiquement contre le projet d'une commission fédérale des valeurs mobilières... pour laquelle il avait néanmoins voté chaque fois que l'opposition avait présenté des motions réclamant son abandon.

Plus récemment, il plaidait pour l'élimination de la loi 101. Selon lui, la classe politique québécoise nage à contre-courant d'un consensus en faveur de l'abandon de mesures contraignantes pour assurer la pérennité du français comme langue commune.

Du même souffle, cependant, le ministre se défendait de vouloir s'ingérer dans un dossier de compétence exclusivement québécoise. Il y a des pavés dans la mare dont l'effet équivaut à un coup d'épée dans l'eau!

Le mois dernier, c'est le scrutin du 7 avril qui l'a inspiré à proposer un mode d'emploi pour guérir le Québec des maux qui l'empêcheraient de donner sa pleine mesure.

Selon lui, la société québécoise doit se réconcilier avec son identité pluraliste; prendre acte de son appartenance au Canada; mettre fin à sa dépendance au Trésor fédéral et à l'interventionnisme étatique; et porter le flambeau de la décentralisation de la fédération.

Le fait de réussir à défoncer autant de portes ouvertes d'un seul coup de pied constitue, en soi, un exploit.

• Les commentaires du ministre Bernier sur le caractère pluraliste de la nation québécoise auraient été plus pertinents s'ils avaient été collés à l'actualité du débat qui a fait rage jusqu'au vote du 7 avril à propos du projet péquiste de charte de la laïcité.

• L'électorat québécois, en l'espace de moins de cinq années, a envoyé à la trappe le Bloc québécois et le gouvernement souverainiste de Pauline Marois. Faudrait-il que les députés fédéraux du Québec soient conservateurs plutôt que néo-démocrates ou libéraux pour être suffisamment représentatifs d'un Québec déterminé à prendre sa place dans la gestion des affaires de la fédération?

• Maxime Bernier affirme que le Québec doit quémander moins et contribuer davantage à la fédération canadienne en s'affranchissant d'un modèle étatique qu'il juge trop lourd. Dans l'ambiance austère qui règne à Québec aux premiers jours d'un nouveau gouvernement libéral, ce sont des suggestions qui arrivent comme un cheveu sur la soupe.

• Quant à l'invitation à militer pour une fédération moins centralisée, le ministre Bernier fait partie d'une équipe dont le chef avait promis, il y a presque 10 ans, d'abroger en tout ou en partie le pouvoir fédéral de dépenser, en fonction duquel Ottawa, au fil des années, a régulièrement ouvert des chantiers dans les champs de compétences de ses partenaires provinciaux.

De mémoire de correspondante parlementaire, il y a des lunes que cette promesse a disparu du radar. Maxime Bernier ferait œuvre utile en lançant un avis de recherche.

La classe politique à Ottawa se prépare à une bataille électorale fédérale l'an prochain au Québec, qui, pour la première fois depuis 20 ans, se jouera surtout entre partis fédéralistes.

On assiste actuellement à une période de rodage, mais aussi d'adaptation du message des uns et des autres à un contexte québécois bien différent de celui qu'imaginaient, il y a encore trois mois, la plupart des stratèges des partis. Le ministre Bernier ne le voit peut-être pas, mais depuis le 7 avril, la balle est également dans son camp. *(Juillet 2014)*

Nigel Wright, homme de l'année... 2014 ?

Le personnage politique fédéral le plus marquant de 2013 est un non-élu issu des coulisses du pouvoir dont on n'a pas fini d'entendre parler en 2014.

En décidant de rembourser de sa poche les 90 000 dollars d'allocations de logement injustifiées du sénateur conservateur Mike Duffy l'hiver dernier, Nigel Wright, l'ex-chef de cabinet du premier ministre Stephen Harper, a plongé son gouvernement dans une crise dont ce dernier n'a pas réussi à s'extirper depuis.

Presque huit mois après son départ en catastrophe du bureau du premier ministre, la liste des dégâts continue de s'allonger. La crédibilité de Stephen Harper est ébranlée. Tous les protagonistes dans cette affaire sont des gens qu'il a lui-même triés sur le volet. Selon la GRC, ils sont une douzaine à avoir trempé de près ou de loin dans l'élaboration du stratagème en question.

La cote du Parti conservateur — porté au pouvoir en 2006 sur la foi de la promesse d'un régime plus respectueux de l'éthique — est endommagée. On l'a vu lors de quatre élections partielles fédérales en novembre. À tous les coups, la proportion du vote conservateur a chuté. Ni la conclusion d'une entente commerciale Canada-Europe, saluée par les milieux d'affaires et appuyée en principe par toutes les provinces, ni l'annonce d'un retour à des budgets fédéraux équilibrés n'ont renversé la tendance.

Quant au Sénat — qu'une majorité de Canadiens voudraient désormais abolir —, sa réputation ne s'en remettra vraisemblablement pas. D'ici à ce que la Cour suprême trace un chemin, plus tard cette année, pour moderniser l'institution, il ne faut pas s'attendre à voir Stephen Harper pourvoir les départs de la Chambre haute. Le Sénat risque de ne pas fonctionner à plein rendement de sitôt.

Mais le pire, du point de vue des conservateurs, c'est que, enquête policière aidant, l'histoire Wright-Duffy pourrait connaître d'autres rebondissements dommageables à l'équipe Harper en 2014. Cela pourrait inclure la mise en accusation au criminel de l'un ou l'autre des principaux acteurs de ce drame politique ou même des deux.

En attendant, Stephen Harper a entrepris de s'entourer de protégés de la première heure, dont Dimitri Soudas, son ex-directeur des communications, nommé en fin d'année à un poste de direction au Parti conservateur.

Alors que les députés gouvernementaux évoquent de moins en moins discrètement l'hypothèse d'un départ à la retraite du premier ministre avant le scrutin de 2015, il est de bonne guerre pour Harper de se constituer une garde rapprochée dont la loyauté est à toute épreuve.

Mais à la lumière du sort de Nigel Wright, un homme d'affaires influent de Bay Street dont le professionnalisme et l'intégrité n'avaient jamais été mis en doute avant son séjour dans les coulisses du pouvoir fédéral, on peut aussi croire que bien peu de gens de talent seraient prêts à quitter un poste lucratif dans le secteur privé pour s'embarquer dans la même galère.

À quelque chose, finalement, malheur est néanmoins bon. L'affaire Wright-Duffy pourrait être l'élément déclencheur d'un certain renouveau parlementaire. Avec des questions pointues, posées en rafale au premier ministre, le chef du NPD, Thomas Mulcair, est en voie d'imposer un nouveau style, plus factuel, aux échanges entre le gouvernement et l'opposition à la Chambre des communes.

Au plus fort du débat sur le rôle du premier ministre dans l'affaire des dépenses au Sénat, on a vu des attroupements autour de téléviseurs dans les salles d'attente de certains aéroports pendant la période des questions. Contrairement à d'autres controverses mettant en cause la conception — plutôt étroite — de la transparence gouvernementale de l'équipe Harper, celle-ci a semblé toucher une corde sensible dans l'opinion publique.

Enfin, sous le couvert d'un projet de loi d'initiative privée, Michael Chong, un élu conservateur de l'Ontario, a lancé en fin de session un nécessaire débat à Ottawa sur la place de simples députés comme lui dans l'ordre des choses parlementaire.

À un moment plus serein de la vie du gouvernement conservateur et du premier ministre Harper, la majorité conservatrice au Parlement aurait été davantage tentée de tuer dans l'œuf le projet du député Chong et de court-circuiter la discussion qui se prépare pour 2014. *(Février 2014)*

Duffy ? Et après ?

Dans le procès qui oppose le sénateur déchu Mike Duffy à la justice, il n'y a pas de verdict gagnant pour les conservateurs de Stephen Harper.

Si l'ancien journaliste-vedette est jugé coupable, ce sera d'actes criminels auxquels la garde rapprochée du premier ministre a été directement associée.

Pour mémoire, ce n'est pas parce que les conseillers de Stephen Harper ont alerté la police que Mike Duffy est devant les tribunaux, sous le coup de 31 chefs d'accusation liés à ses dépenses comme sénateur, mais parce que les efforts qu'ils ont déployés pour étouffer l'affaire ont été ébruités.

Si les médias n'avaient pas eu vent que le chef de cabinet de Stephen Harper à l'époque, Nigel Wright, avait remboursé de sa poche les dépenses jugées excessives de Mike Duffy, personne n'en aurait entendu parler et celui-ci serait encore sénateur conservateur.

Avant de tomber en disgrâce, Mike Duffy était le meneur de claque en chef du Parti conservateur à l'extérieur du Québec. Qui sait s'il ne serait pas actuellement en train de préparer une tournée de promotion en vue des élections fédérales de l'automne ?

L'éventualité d'un acquittement n'est guère moins risquée pour le premier ministre. Si la Cour retient la thèse de Mike Duffy selon laquelle il n'a pas contrevenu aux règles, à géométrie variable, qui régissent le Sénat, Stephen Harper sera accusé, non sans raison, d'avoir fermé les yeux sur une culture systémique d'abus des fonds publics.

Les enquêtes judiciaires et administratives en cours et les témoignages entendus à la barre des témoins au sujet de l'absence systématique de rigueur dans la reddition de comptes au Sénat démontrent que l'affaire Duffy est une manifestation extrême d'un mal répandu.

Stephen Harper connaît par cœur le réquisitoire qui attend, en campagne électorale, un premier ministre vulnérable à des accusations d'aveuglement volontaire et de laxisme en matière d'éthique. C'est lui qui en a écrit la plus récente mouture. À titre de procureur en chef de l'opposition à l'époque du scandale des commandites, le chef conservateur avait été impitoyable à l'égard du premier ministre, Paul Martin.

Il avait martelé sans relâche le message selon lequel l'usure du pouvoir, après une décennie aux commandes, avait fait perdre le nord au gouvernement libéral sortant. Il avait accusé à répétition Paul Martin lui-même de négligence. Devant cette charge à fond de train, aucune défense libérale n'avait tenu la route.

Le bilan économique enviable de l'équipe Chrétien-Martin; le réinvestissement de milliards de dollars en santé; la négociation d'une entente historique avec les Premières Nations; la prise d'engagements pour contrer les changements climatiques: rien de tout cela n'avait fait le poids.

Ce n'est pas faute d'avoir fait preuve de repentir. Du début à la fin de son règne de deux ans comme premier ministre, Paul Martin a parcouru le Canada à genoux pour mieux demander pardon.

Il s'est excusé à répétition pour les abus commis sous le couvert du programme des commandites. Il a écarté de son cabinet tout ministre susceptible d'avoir été associé même de loin à cette histoire. Il a mis sur pied une commission d'enquête pour aller au fond des choses. Il y a témoigné. Au bout du compte, la commission Gomery l'a blanchi.

Dans des circonstances analogues à celles qui ont coûté le pouvoir à Paul Martin, Stephen Harper a adopté une stratégie qui ne fait pas de place au *mea culpa*. À l'entendre, ou surtout à ne pas l'entendre, on pourrait croire qu'il n'est pas responsable du recrutement de tous les protagonistes de cette saga. Devant le marasme qui sévit au Sénat, il n'a, jusqu'à présent, proposé aucun correctif digne de ce nom.

Justin Trudeau a éjecté les sénateurs libéraux de son caucus. Il s'est engagé, s'il devient premier ministre, à dépolitiser le mode de nomination au Sénat. Le chef du NPD, Thomas Mulcair, voudrait abolir la Chambre haute. Même s'il sait pertinemment qu'il faudra un jour ou l'autre pourvoir les fauteuils vides au Sénat, Harper est muet sur la suite des choses.

Les conservateurs espèrent qu'à l'automne les électeurs feront aussi peu de cas de toute cette affaire que le premier ministre lui-même. Dans leur esprit, le repentir n'est pas une condition essentielle à l'obtention de l'absolution. *(15 mai 2015)*

Les dindons du premier ministre

À l'occasion de la présentation de son premier rapport, en avril, Michael Ferguson ne maîtrisait pas encore assez bien le français pour l'expliquer en entrevue. En matière de vérification, le nouveau vérificateur général du Canada parle néanmoins le même langage que sa redoutable prédécesseure, Sheila Fraser.

Le chapitre que Michael Ferguson a consacré au projet d'acquisition par le gouvernement Harper d'avions militaires F-35 est le plus gros pavé lancé dans la mare fédérale depuis le rapport de 2004 sur le programme libéral des commandites.

En une quarantaine de pages bien tassées, il démontre que le gouvernement s'est engagé les yeux fermés dans un achat militaire de plusieurs milliards de dollars, sur la foi d'assurances dont ne se satisferait pas l'acheteur moyen d'une nouvelle voiture.

Le rapport place ses lecteurs devant deux conclusions possibles, aussi accablantes l'une que l'autre. La première est que le Canada est dirigé par une équipe inepte, susceptible d'avaler sans broncher les couleuvres que lui présente l'état-major de la Défense nationale. En matière de rapport qualité-prix des achats, ce ministère n'a pourtant jamais été en odeur de sainteté. Il suffit pour le savoir de feuilleter les rapports passés de Sheila Fraser — que le Parti conservateur a eu amplement l'occasion d'éplucher du temps pas si lointain où il était dans l'opposition.

La thèse de l'ineptie collective suppose aussi que le gouvernement Harper, qui exhibe une attitude soupçonneuse à l'égard de la fonction publique, perd complètement ses moyens devant des uniformes militaires.

L'autre conclusion, c'est que les conservateurs ont pratiqué l'aveuglement volontaire pour mieux cacher au Parlement et à l'électorat une approche cavalière dans la gestion de milliards de dollars de fonds publics. En tout état de cause, on est, depuis l'annonce du projet, devant le refus de rendre des comptes sur la décision d'acquérir des F-35. Chose certaine, également : les chiffres avancés par les conservateurs avant et pendant la dernière campagne électorale ne correspondaient pas à ceux qui circulaient dans les coulisses du Cabinet.

En 2004, le rapport Fraser sur les commandites avait mis un point final à la lune de miel du premier ministre libéral Paul Martin. Si le gouvernement Harper était encore minoritaire, il n'aurait pas nécessairement survécu à l'édition 2012 du rapport du vérificateur, du moins pas sans jeter du lest. Peter MacKay, responsable en titre de la Défense nationale pendant l'essentiel de cette histoire, aurait sans doute quitté le Cabinet au lendemain de sa publication.

À trois ans de la prochaine échéance électorale, le rapport de Michael Ferguson n'aura pas de telles répercussions. Il n'est pas nécessairement trop tard pour remettre sur les rails le projet de renouvellement de la flotte aérienne militaire canadienne. Ce qui est de moins en moins réparable, c'est le lien de confiance entre le gouvernement conservateur et la population.

Le parti de Stephen Harper a été porté au pouvoir il y a six ans par le ressac de l'affaire des commandites, en réaction à ce que beaucoup percevaient comme un impardonnable abus de confiance libéral. À l'époque, bon nombre d'électeurs avaient des réserves à l'égard des penchants idéologiques du nouveau Parti conservateur. Mais même ceux qui se refusaient à l'appuyer étaient nombreux à croire que Stephen Harper allait être porteur d'un changement salutaire de culture à Ottawa. La promesse implicite du contrat moral conclu entre l'électorat et le premier ministre actuel était celle d'une plus grande rigueur et d'une plus grande transparence. En démocratie, les deux sont indissociables.

Au lieu de cela, le gouvernement Harper est rapidement devenu plus opaque que tous ceux qui l'ont précédé. Sous son règne, la laisse des ministres — déjà courte sous Jean Chrétien — a été assortie d'une muselière. Aux Communes, les ministres conservateurs, à quelques rares exceptions près, sont apparemment rétribués pour se payer quotidiennement la tête de l'opposition en se comportant comme des chiens savants. Tout cela était du domaine public avant le rapport de Michael Ferguson. Ce que le vérificateur général a ajouté, c'est que ce sont les Canadiens — comme électeurs et comme contribuables — qui sont doublement les dindons de la farce. *(15 mai 2012)*

La langue à géométrie variable

Le premier ministre Stephen Harper est-il le gardien des principes de l'opposition en matière de dualité linguistique ? À entendre le néo-démocrate Yvon Godin, il semblerait que oui.

En apprenant le mois dernier que le gouvernement nommait Michael Moldaver, juge unilingue anglais, à la Cour suprême, le député acadien est sorti de ses gonds.

Il a fait valoir que c'était la deuxième fois que le premier ministre faisait reculer le français comme langue de travail au sein du plus haut tribunal du pays, en attribuant des postes à des candidats unilingues.

Il a rappelé que le juge manitobain Marshall Rothstein, nommé par le gouvernement Harper en 2006, avait juré de s'atteler au français. Cinq ans plus tard, sa promesse de devenir bilingue est toujours à l'état de vœu pieux.

Sur ces points, le député Godin était sur un terrain solide. Mais la glace est devenue plus mince lorsqu'il a été question du rôle du NPD dans l'accession du juge Moldaver à la Cour suprême.

Le premier ministre l'a choisi parmi une liste de six candidats approuvés par le NPD et le PLC. À cela, Yvon Godin n'a rien trouvé de mieux à dire que Stephen Harper aurait dû se limiter aux juristes bilingues qui figuraient sur cette liste.

Dans le débat sur la pertinence de s'assurer que les juges de la Cour suprême sont capables d'entendre les procès dans l'une ou l'autre des deux langues officielles sans l'aide d'un interprète, tout le monde s'accorde sur le fait qu'il serait souhaitable que la Cour soit au diapason de la dualité linguistique.

Le NPD est arrivé à la conclusion que cet objectif était incontournable. Au cours de la dernière législature, un projet de loi qui aurait rendu la connaissance des deux langues obligatoire pour siéger à la Cour suprême a été adopté aux Communes, avec l'appui du Bloc québécois et des libéraux.

Ce projet est mort au Sénat lors du déclenchement des élections. Il ne ressuscitera pas sous une majorité conservatrice. Le gouvernement estime que si on érigeait le bilinguisme en obligation, la Cour suprême se priverait des services de brillants juristes. Le curriculum vitæ du juge Moldaver indique qu'il appartient à cette catégorie.

En clair, sa nomination s'inscrit parfaitement dans la logique défendue par les conservateurs. La bénédiction donnée par le NPD et le PLC, en revanche, est contraire aux principes qu'ils se vantent de promouvoir.

Ces principes ne sont pas toujours au premier plan de leurs préoccupations. Le mois dernier, le premier ministre a également nommé un vérificateur général pour succéder à Sheila Fraser. Encore une fois, il a porté son choix sur un candidat unilingue et, encore une fois, il a invoqué l'approbation de principe de l'opposition.

En rétrospective, on constate que personne au NPD et au PLC n'avait pris la peine de s'assurer que Michael Ferguson était capable de travailler dans les deux langues avant de donner le feu vert à la proposition conservatrice.

Le double langage du PLC et du NPD sur la dualité linguistique ne devrait sans doute surprendre personne. On trouve une telle géométrie variable au sein même de ces deux formations.

En 2006, plusieurs aspirants soi-disant sérieux au leadership libéral baragouinaient le français. Dans la course à la succession de Jack Layton, les principaux prétendants au trône parlent presque tous un excellent français, mais il y a tout de même une exception notoire. S'il devient chef du NPD, le député ontarien Paul Dewar n'ira pas de sitôt à *Tout le monde en parle.*

Ce fils d'une ancienne mairesse de la ville d'Ottawa est encore loin d'être capable de fonctionner en français. À sa décharge, Paul Dewar explique que sa vocation pour le développement international l'a porté vers l'espagnol, langue plus utile pour le rôle qu'il a joué, notamment au Nicaragua.

Fort bien. Sauf qu'alors qu'il n'était pas venu à l'esprit de Paul Dewar de briguer un poste en Amérique centrale sans s'assurer d'avoir un profil linguistique qui corresponde à celui de l'emploi, sa conscience politique semble plus élastique pour ce qui y est du poste de chef de l'opposition officielle et, éventuellement, de premier ministre du Canada. *(1ᵉʳ décembre 2011)*

Visa le noir, tua le blanc

En préconisant l'abrogation de la loi 101 et le retour au libre choix en matière de langue d'enseignement, l'ex-ministre conservateur Maxime Bernier avance une fausse solution à un vrai problème.

Dans un article publié dans son blogue le 6 février dernier, il écrit : « Pourquoi les parents francophones ne pourraient-ils pas envoyer leurs enfants faire une partie de leurs études dans des écoles anglaises ou bilingues, de façon à ce qu'ils maîtrisent parfaitement les deux langues ? L'anglais est la langue de 350 millions de personnes autour de nous. C'est également la plus importante langue internationale partout dans le monde. La maîtriser est un atout incontournable. »

Peu de Québécois mettent en doute la deuxième moitié de l'énoncé du député de Beauce. La vaste majorité des parents souhaitent que leurs enfants maîtrisent l'anglais. Et beaucoup jugent que la qualité actuelle de l'enseignement de l'anglais laisse à désirer.

Mais ce n'est pas parce qu'il ne croit pas que la loi 101 ait des mérites que le ministre Christian Paradis a installé sa famille à Ottawa et inscrit ses enfants à des classes en anglais, mais plutôt parce que, dans bien des régions du Québec, l'enseignement de la langue seconde n'est pas adéquat.

Dans les faits, l'équation que fait Maxime Bernier entre loi 101 et apprentissage de l'autre langue officielle est bancale. D'ailleurs, le mal qu'il diagnostique n'est pas québécois, mais plutôt pancanadien.

Au Canada, le droit de choisir d'étudier dans une langue officielle autre que sa langue maternelle n'est absolu nulle part, et le concept du libre choix est surtout théorique.

Chaque année, des centaines de parents anglophones se disputent ainsi un nombre limité de places dans les classes d'immersion en français. L'an dernier, des parents de la région de York, en banlieue de Toronto, ont passé une partie de la nuit devant leur école de quartier pour assurer une place en immersion à leurs enfants. En début de matinée, la liste des inscriptions était déjà complète.

Même situation en Colombie-Britannique, où le ministre du Patrimoine canadien et des Langues officielles, James Moore, raconte que le tour de force logistique pour inscrire ses quatre nièces en immersion a nécessité une véritable mobilisation familiale.

Depuis 30 ans, les provinces canadiennes se sont pourtant toutes dotées de réseaux scolaires de langue française. Celui de l'Ontario est aujourd'hui largement comparable au système dont dispose la communauté anglo-québécoise. Mais ces écoles, destinées aux minorités francophones, ne sont pas des substituts aux classes d'immersion, dont est friande la majorité anglophone.

Dans le reste du Canada comme au Québec, le seul vrai droit en matière de langue d'enseignement est celui d'être instruit et de faire instruire ses enfants dans la langue officielle qui correspond à sa langue maternelle.

Dans cet esprit, les écoles de langue française du reste du Canada sont, pour l'essentiel, réservées aux familles qui appartiennent à la minorité francophone. Ce n'est pas la loi 101 qui le dit, mais plutôt l'article 23 de la Charte canadienne des droits et libertés.

Cet article, qui n'existait pas au moment de l'adoption de la loi 101, n'impose à aucune province l'obligation de permettre le libre choix généralisé en matière de langue d'enseignement.

Dans un Québec où la loi 101 n'existerait plus, rien n'obligerait l'État à financer l'expansion du système scolaire de langue anglaise pour répondre aux besoins des élèves francophones ou allophones qui voudraient fréquenter les écoles destinées à la minorité anglophone.

Le ministère de l'Éducation ne se lancerait pas dans la multiplication d'écoles anglaises au Saguenay. Les enseignants qualifiés pour offrir l'immersion en anglais ne pousseraient pas dans les arbres. Comme leurs compatriotes anglo-canadiens, la grande majorité des Québécois francophones continueraient à devoir compter sur leurs propres commissions scolaires pour assurer l'enseignement de l'anglais à leurs enfants.

En parcourant les nombreux commentaires suscités par l'article de Maxime Bernier sur la loi 101, le clivage linguistique saute aux yeux. Quoi qu'en dise l'ex-ministre, sa sortie en faveur du retour au libre choix a touché une corde sensible... anglophone. La plupart de ses correspondants francophones ne voient pas de conflit entre la loi 101 et leur intérêt manifeste à maîtriser l'anglais. Cela pourrait changer si le Parti québécois mettait à exécution son projet d'étendre la loi 101 aux cégeps, fermant ainsi la voie aux étudiants allophones et francophones qui utilisent le cours collégial pour parfaire leur anglais. *(15 mars 2011)*

Harper et les juges : la défiance règne

Pour mesurer l'effet Harper après huit années de pouvoir, on peut tenter de départager le vrai du faux et de l'exagéré dans les rapports d'étape, forcément contradictoires, du gouvernement et des partis d'opposition.

On peut également consulter les sondages et constater qu'en ce huitième anniversaire on assiste à un retour du balancier vers le Parti libéral.

Mais pour prendre une mesure différente de l'état des lieux, un survol de la seule institution dont l'influence sur les politiques canadiennes se mesure vraiment à celle du gouvernement fédéral s'impose. Il n'est pas question ici du Parlement, mais plutôt de la Cour suprême.

En chiffres, rien ne distingue les huit années de cohabitation entre le plus haut tribunal du pays et le gouvernement Harper des périodes précédentes. Bon an, mal an, la Cour entend en moyenne 75 appels et rend un nombre équivalent de jugements — à l'unanimité de ses membres dans les trois quarts des cas.

Selon les statistiques de l'institution, l'arrivée de juges nommés par les conservateurs — ils sont désormais la majorité — ne s'est pas traduite par une augmentation notable de décisions partagées. Et comme l'a démontré l'arrêt de la Cour qui a invalidé les principales lois canadiennes en matière de prostitution, en décembre dernier, quand les juges s'entendent, ce n'est pas nécessairement pour faire plaisir au premier ministre.

Avant d'arriver au pouvoir, les conservateurs se plaignaient de ce que la Cour forçait la main aux élus sur ce genre d'enjeux. Mais sous leur règne, la tendance du Parlement à être à la remorque du plus haut tribunal du pays ne s'est pas démentie.

À cet égard, 2014 ne fera pas exception. Vingt ans après l'arrêt Rodriguez, qui avait maintenu l'interdiction du suicide assisté, la Cour va réexaminer la question. Et elle pourrait donner des repères aux partis fédéraux sur la cohabitation entre la neutralité de l'État et les droits religieux lorsqu'elle se penchera sur le dossier de la prière au conseil municipal de Saguenay.

D'autres affaires phares sont surtout symptomatiques du climat orageux qui caractérise les relations entre le gouvernement Harper et plusieurs des acteurs avec lesquels il est normalement appelé à traiter.

En 2014, la Cour va trancher le différend qui oppose Ottawa et Québec au sujet du rapatriement des données québécoises du registre des armes à feu. C'est un sujet sur lequel deux gouvernements avec davantage d'atomes crochus auraient pu s'entendre sans l'intervention des tribunaux.

Idem pour la réforme du Sénat. Plutôt que de négocier à visage découvert avec les provinces, le gouvernement Harper a renvoyé le dossier à la Cour suprême. Les juges se prononceront plus tard cette année sur la prétention fédérale de pouvoir faire l'économie d'une négociation constitutionnelle avec les provinces au sujet de la Chambre haute.

Le courant passe de moins en moins bien entre la magistrature et le pouvoir exécutif sur le front de la justice pénale. Dans plusieurs provinces, des juges se sont révoltés ouvertement contre l'encadrement de plus en plus rigide de leur marge de manœuvre en matière de peines. Les plus hauts tribunaux de certaines provinces leur ont donné raison.

Ce différend qui oppose les juges au gouvernement jusque devant la Cour suprême n'est pas le seul qui place les membres de celle-ci entre l'arbre et l'écorce en 2014.

L'automne dernier, le premier ministre a mis la Cour dans l'embarras en nommant un juge dont le droit d'occuper une des trois places réservées au Québec a été contesté. Le plus haut tribunal du pays a commencé l'année en se penchant sur la légalité de la nomination du juge Marc Nadon.

L'épisode est sans précédent. Il a forcé la Cour à être juge et partie dans une affaire qui touche à sa propre crédibilité. Des observateurs ont noté qu'une des principales distinctions du juge contesté semblait être le fait qu'il soit plus susceptible que la moyenne de se trouver sur la même longueur d'onde que le gouvernement. Ils ont suggéré que Stephen Harper n'était pas nécessairement mécontent d'avoir suscité une controverse qui pourrait affaiblir la Cour.

Chose certaine, huit ans après l'arrivée au pouvoir de Stephen Harper, la Cour suprême est une des rares institutions encore en mesure de faire contrepoids à son autorité. *(Mars 2014)*

Michael Ignatieff et la conquête de l'Ouest

Aux élections fédérales de l'automne dernier, Stéphane Dion a réussi là où des Albertains comme Preston Manning, Stockwell Day et même Stephen Harper avaient échoué. Il a littéralement fait fondre le Parti libéral de moitié à l'ouest de l'Ontario.

Aujourd'hui, le PLC compte sept députés dans les quatre provinces de l'Ouest, contre le double au déclenchement des dernières élections. Au scrutin du 14 octobre, les libéraux sont arrivés troisièmes (derrière les néo-démocrates) dans toute la région.

Au Manitoba, la part des suffrages allant aux libéraux est passée du tiers, en 2004, à moins d'un vote sur cinq, quatre ans plus tard. En Colombie-Britannique, il ne reste plus que 5 sièges libéraux, contre 22 pour les conservateurs.

La déchéance du Parti libéral n'a pas commencé avec Stéphane Dion, mais elle s'est nettement accélérée pendant son bref passage à la tête du parti.

Comme au Québec, le déclin libéral dans l'Ouest canadien s'est amorcé sous Pierre Trudeau. Un quart de siècle plus tard, les électeurs de l'Alberta, en particulier, se souviennent encore en mal du Programme national de l'énergie du début des années 1980.

Par la suite, ni Jean Chrétien ni Paul Martin n'ont fait de miracles dans la région. Pendant sa dernière campagne électorale, en 2000, Jean Chrétien avait même réussi à ne pas mettre les pieds à Calgary.

Malgré tout, bon an, mal an, l'ancien premier ministre finissait par gagner entre un quart et un tiers des suffrages des électeurs de l'Ouest canadien, une performance maintenue par Paul Martin mais intenable en 2008, à la lumière d'un Tournant vert très mal perçu dans les provinces de l'Ouest et très malhabilement défendu par Stéphane Dion.

C'est ce portrait, peu reluisant, que Michael Ignatieff s'est donné pour mission de corriger. Sa volonté de changer la relation entre sa formation et l'Ouest canadien a inspiré les plus importants virages de ses 100 premiers jours à la direction du PLC, notamment:

• Un rare mea-culpa pour de grands pans de l'œuvre libérale des 30 dernières années, fait lors d'une visite en Saskatchewan au début de février.

• L'abandon de la coalition de l'opposition et l'engagement de ne pas envisager une réédition de la manœuvre à l'issue de prochaines élections, pour cause de rejet massif dans les provinces de l'Ouest. (Si la coalition qui est née à la faveur de la crise parlementaire de l'automne dernier avait pris le pouvoir, la Saskatchewan et l'Alberta auraient été respectivement représentées par un seul député au sein du gouvernement PLC-NPD!)

• L'abandon d'une taxe sur le carbone comme instrument de lutte contre les gaz à effet de serre, un concept principalement défendu par Michael Ignatieff pendant la course au leadership libéral de 2006, avant de se retrouver au cœur du Tournant vert de Stéphane Dion, mais qui n'a pas passé la rampe l'automne dernier.

• L'adoption d'un discours libéral plus respectueux sur les sables bitumineux de l'Alberta, et l'arrimage de la politique énergétique du PLC à son programme en environnement.

Déjà, des libéraux et des commentateurs s'interrogent sur la pertinence de ce nouveau discours. Ils font valoir qu'à brève échéance le chemin d'une victoire libérale ne passe pas par les provinces de l'Ouest. Selon eux, l'énergie du chef libéral pourrait être mieux dépensée à cultiver des sols moins arides, le Québec par exemple. Tout cela est vrai.

Néanmoins, l'absence chronique de voix fortes de l'Ouest au sein du caucus libéral contribue à donner l'allure d'une coquille vide à l'institution nationale que prétend être le PLC.

À terme, l'avenir du parti passe par une meilleure performance dans la région. La redistribution électorale fera augmenter sensiblement la représentation de l'Alberta et de la Colombie-Britannique aux Communes au cours des 20 prochaines années.

L'Alberta est la province qui tire le moins de bénéfices de la fédération canadienne par rapport à sa contribution au Trésor fédéral, un déséquilibre qui rend politiquement impraticable l'ouverture de grands chantiers sociaux et écologiques, chers aux libéraux fédéraux.

Michael Ignatieff n'est pas le premier chef fédéral à s'évertuer à créer les conditions favorables à une réelle cohabitation de l'Ouest canadien et du Québec au sein de sa formation. Il est simplement le premier chef libéral en 30 ans à s'attaquer sérieusement à ce qui est en voie de devenir le plus gros défi de gouvernance au Canada. (*1er avril 2009*)

La bataille épique d'Outremont

Pour prendre la mesure de l'érosion du Parti libéral fédéral, pas besoin d'aller plus loin que la circonscription montréalaise d'Outremont.

Hier encore, Outremont était dans la catégorie des circonscriptions au comportement prévisible, au même titre que le siège albertain de Stephen Harper ou le bastion westmountais du libéral Marc Garneau.

Au scrutin de 2006, Outremont arrivait loin sur la liste des circonscriptions considérées comme « prenables » par le Parti conservateur, le NPD et le Bloc québécois. À une exception près — pendant les années Mulroney —, cette circonscription avait toujours voté libéral.

Devant cette tendance lourde, bien des observateurs avaient accueilli la victoire du néo-démocrate Thomas Mulcair, à la faveur d'une élection complémentaire en 2007, comme un mouvement d'humeur passager, suscité par l'arrivée — intempestive pour bien des libéraux québécois — de Stéphane Dion en tant que chef.

C'était avant que le député Mulcair persiste et signe au scrutin général de 2008. Aux prochaines élections fédérales, Outremont sera la scène d'une des luttes les plus suivies au Canada — une bataille qui sera déterminante pour l'avenir de ses deux principaux protagonistes et qui pourrait l'être tout autant pour leurs formations respectives.

Trois ans après son arrivée sur la scène fédérale, Thomas Mulcair est devenu une des rares étoiles montantes québécoises à la Chambre des communes.

Si on demandait aux habitués de la colline du Parlement de nommer l'élu québécois le plus susceptible de devenir chef d'un parti fédéraliste à Ottawa, le nom du député d'Outremont arriverait vraisemblablement en tête de liste (avant celui de Justin Trudeau ?).

Mais c'est également un secret de Polichinelle que l'ancien ministre et ex-député d'Outremont Martin Cauchon aspire à diriger le Parti libéral fédéral. Armé d'un vaste réseau de contacts et fort d'une solide expérience ministérielle, il aurait une place sur la liste des candidats sérieux — à condition de reprendre son ancien fief aux néo-démocrates.

À l'instar de l'avenir de Thomas Mulcair, celui de Martin Cauchon passe par une victoire dans Outremont au prochain scrutin. Mais le long passé libéral de la circonscription n'est pas nécessairement garant de l'avenir.

Contrairement à Thomas Mulcair, qui peut miser sur la popularité de Jack Layton au Québec pour lui donner plus d'élan, Martin Cauchon devra beaucoup compter sur ses propres moyens pour l'emporter.

Au Québec, ceux qui espéraient que Michael Ignatieff allait donner un nouveau souffle à sa formation sont, jusqu'à présent, restés sur leur appétit. Le PLC vivote dans les intentions de vote. De plus, le retour sur scène de Martin Cauchon a été ponctué de grincements de dents dans les rangs libéraux et de la démission de Denis Coderre comme lieutenant québécois.

Dans les circonstances, le PLC pourrait être tenté de laisser son candidat à lui-même dans Outremont. Mais cela pourrait lui coûter cher. En rétrospective, les libéraux auraient été mieux avisés de tout faire pour renvoyer Thomas Mulcair sur ses terres dès 2008.

La victoire néo-démocrate dans Outremont est un des événements emblématiques du mandat de Jack Layton comme chef du NPD. Avant lui, aucun leader néo-démocrate n'avait réussi à faire élire un député au Québec à l'occasion d'élections générales.

Pour le NPD, qui flirte de plus en plus ouvertement avec le concept du partage du pouvoir à Ottawa, le recrutement réussi d'un ex-ministre québécois est important sur un autre plan.

Avant d'être néo-démocrate, Thomas Mulcair était un homme de pouvoir. Dans le passé récent, le NPD fédéral — qui a toujours été dans l'opposition au Parlement — a eu de la difficulté à attirer des recrues qui avaient goûté au pouvoir. Bob Rae et Ujjal Dosanjh (qui ont été, respectivement, premiers ministres néo-démocrates de l'Ontario et de la Colombie-Britannique) ont préféré adhérer au PLC quand ils sont passés à la scène fédérale.

La présence du NPD dans Outremont s'inscrit dans une tendance plus large, qui a vu le parti faire élire une députée en Alberta au dernier scrutin et occuper davantage de terrain dans le Canada atlantique, avec l'élection d'un député à Terre-Neuve ainsi que l'arrivée au pouvoir d'un gouvernement néo-démocrate en Nouvelle-Écosse.

Depuis le début de la décennie, le NPD est un parti montant au Canada, tandis que le PLC est en déclin. Outremont fait partie des circonscriptions que les libéraux doivent au minimum sauver pour renverser la tendance. Si les libéraux ne reprennent pas Outremont au prochain scrutin, Martin Cauchon coulera sans doute avec le chef qu'il aspire à remplacer. *(15 juin 2010)*

Effet Trudeau : derrière l'image

Depuis la rentrée de la fête du Travail, les portes tournantes de la politique n'ont pas cessé de pivoter. L'un après l'autre, le premier ministre du Québec, Jean Charest, son homologue ontarien, Dalton McGuinty, et le maire de Montréal, Gérald Tremblay, se sont engouffrés dans la sortie.

À une exception près, l'automne 2012 aura été une saison de grands départs. Sur une scène qui se vide, l'arrivée au premier plan de Justin Trudeau à la faveur de la course au leadership du PLC a finalement pris beaucoup de place.

Vérification faite, on jase beaucoup d'un bout à l'autre du Canada de la campagne Trudeau, bien davantage qu'on n'a parlé à la même époque l'an dernier de la succession de Jack Layton à la tête du NPD. Cela se mesure dans les sondages, qui ont tous fait état d'une réelle remontée du PLC dans les intentions de vote.

Évidemment, si les chiffres de ce genre étaient garants de l'avenir, c'est François Legault et non Pauline Marois qui aurait prononcé un discours inaugural à Québec le mois dernier. À la même date, en 2011, le chef de la Coalition Avenir Québec était en tête dans les intentions de vote au Québec.

N'empêche qu'on a rarement vu un parti, surtout quand il est en difficulté, bouder un candidat au leadership qui lui permet de rêver au pouvoir, au profit d'un rival qui a du mal à soulever une foule. Jusqu'à nouvel ordre, la campagne au leadership du PLC n'a de course que le nom.

Si on se précipite vers les rassemblements de Justin Trudeau, ce n'est pas toujours pour voir un futur premier ministre en action, et ce n'est presque jamais pour l'écouter discourir de politiques complexes. La plupart du temps, on vient plutôt pour le regarder que pour l'entendre. Mais ce décor a un envers.

Pendant que Justin Trudeau ratisse les universités afin de récolter des votes, on se bouscule dans les coulisses de sa campagne. D'une semaine à l'autre, des gens solides se rallient à sa cause. Par exemple, à la suite de la démission de Dalton McGuinty, le ministre des Finances de l'Ontario et numéro deux du gouvernement, Dwight Duncan, s'est rapidement exclu de la succession. Il a même annoncé qu'il quitterait Queen's Park au déclenchement du prochain scrutin ontarien, et déclaré du même souffle qu'il entendait poursuivre sa carrière au niveau fédéral et le faire dans la mouvance de Justin Trudeau.

Dans la foulée de Dwight Duncan, Daniel Gagnier, ancien chef de cabinet de Jean Charest et, avant lui, du premier ministre ontarien David Peterson, s'est lui aussi joint à l'équipe Trudeau.

Le ministre Duncan et le conseiller Gagnier ne sont pas des faiseurs d'image. De toute évidence, Justin Trudeau n'en a pas besoin. Ce sont plutôt des cerveaux politiques rompus aux complexités de l'administration publique. Dans les rangs du parti, leur adhésion à sa cause envoie un puissant signal : la campagne au leadership du député de Papineau ne carbure pas exclusivement aux clichés.

Dans les faits, l'équipe Trudeau peut déjà compter sur davantage d'expertise et d'expérience que Stéphane Dion ou Michael Ignatieff à leur arrivée à la tête du PLC.

En marge de l'attrait évident qu'exerce un nom de famille mythique sur la base militante du PLC, il faut retenir deux autres choses qui en disent long sur la dynamique de la campagne fédérale.

La première, c'est que l'establishment au sens large du PLC, qui sait sciemment que l'existence même du parti pourrait se jouer au scrutin fédéral de 2015, est en bonne voie de mettre l'essentiel de ses œufs dans le panier de Justin Trudeau. Que ce soit par désespoir ou par prescience (ou les deux), toujours est-il que, dans l'opération séduction dans laquelle le candidat Trudeau s'est lancé, le parti est une proie plus que consentante.

L'autre, c'est que la défaite libérale du 4 septembre au Québec et, surtout, la dégringolade appréhendée des libéraux minoritaires au pouvoir à Queen's Park sont en voie de libérer des ressources intellectuelles et stratégiques inespérées pour un parti relégué au troisième rang à la Chambre des communes. *(15 décembre 2012)*

Trudeau brouille les cartes

Jamais campagne à la direction d'un tiers parti au Canada n'aura fait couler autant d'encre que celle qui mènera, en avril, au choix du prochain chef du Parti libéral fédéral. Au cours des six derniers mois, la course libérale a bénéficié d'une couverture médiatique digne de celle du remplacement d'un premier ministre en exercice.

Il s'agit pourtant d'une opération dénuée de suspense, puisqu'elle aura été dominée par Justin Trudeau du début à la fin. Depuis l'automne, le favori attire des foules dans des régions qui n'ont pas voté pour les libéraux depuis que son père, Pierre E., a quitté le pouvoir, il y a 30 ans. Les sondages prédisent une remontée fulgurante du PLC dans les intentions de vote si le jeune candidat accède à la direction.

Conservateurs, néo-démocrates et bloquistes croient tous que la victoire de Justin Trudeau, qu'on tient pour acquise dans les coulisses du Parlement, suscitera une réaction en chaîne qui pourrait bouleverser le paysage fédéral. Mais bien malin qui pourrait prédire dans quel sens tout déboulera.

Peut-être parce qu'il a le moins à perdre, le Bloc québécois est la formation qui fonde le plus d'espoirs dans l'ascension de Justin Trudeau. Selon le meilleur scénario bloquiste, la présence de ce dernier aux élections de 2015 serait garante d'une division du vote fédéraliste au Québec, ce qui assurerait le retour en force du parti souverainiste à la Chambre des communes.

Ce calcul n'est pas mauvais. Au cours de son histoire, le Bloc québécois a eu beaucoup de fil à retordre à deux reprises : en 2000, quand il a perdu la bataille du vote populaire contre les libéraux de Jean Chrétien, et en 2011, quand il a succombé à la vague néo-démocrate. Les deux fois, la concentration du vote fédéraliste francophone a puissamment contribué à ces résultats.

Mais le raisonnement bloquiste repose également sur la prémisse que son vote est imperméable, voire réfractaire, à l'effet Trudeau. Sur le papier, cette proposition est sensée. Mais l'idée que Gilles Duceppe se faisait de Jack Layton, croyant qu'il ne menaçait en rien le Bloc, l'était également!

Pour les néo-démocrates, Justin Trudeau est à la fois un adversaire plus sérieux que ne l'était Michael Ignatieff au Québec et plus dangereux que celui-ci dans le reste du Canada. Selon les sondages, l'aspirant libéral occupe déjà plus de place dans l'imaginaire populaire que n'y est parvenu Thomas Mulcair après un an à la tête du NPD.

Pour bien des électeurs, Justin Trudeau représente un idéal canadien auquel ils s'identifient, souvent davantage qu'ils ne le faisaient à l'époque du départ à la retraite de Pierre E. Trudeau. C'est ainsi qu'un récent sondage plaçait la Charte canadienne des droits et libertés très loin devant la monarchie — si chère aux conservateurs — sur la liste des éléments de l'héritage canadien que privilégie l'électorat. En même temps, l'adhésion à la dualité linguistique canadienne est en progression à l'extérieur du Québec.

Les stratèges néo-démocrates conviennent d'ailleurs que si le choix du prochain chef libéral avait coïncidé avec le déclenchement d'élections générales, l'artillerie lourde n'aurait peut-être pas réussi à contrer l'effet Trudeau. Mais plus de deux ans sépareront le dénouement de la course libérale du prochain scrutin fédéral.

Selon la meilleure hypothèse du NPD, Justin Trudeau ne sera plus jamais aussi populaire qu'il l'est actuellement. Les néo-démocrates parient qu'à l'usure son influence sur l'électorat s'émoussera, et même que son manque d'expérience se retournera contre le PLC.

Les conservateurs de Stephen Harper devraient faire bon accueil à tout rebondissement susceptible de perpétuer la division du vote progressiste au pays. Mais le premier ministre actuel ne s'est pas retrouvé à la tête d'un gouvernement majoritaire en rêvant en couleurs.

Stephen Harper a assisté à la descente aux enfers de Gilles Duceppe en 2011. Il sait que personne n'est à l'abri d'un revirement de situation et que rien n'est plus difficile à gérer qu'un coup de cœur de l'électorat. Après une décennie de gouvernance conservatrice, Justin Trudeau incarne un changement de ton et de génération qui pourrait séduire bien des électeurs.

Les stratèges conservateurs s'inquiètent également de la résonance du nom Trudeau dans les communautés culturelles, fortement représentées dans les banlieues sur lesquelles le premier ministre compte pour assurer sa réélection à la tête d'un gouvernement majoritaire en 2015.

Sur ce terrain stratégique, l'arme pas vraiment secrète des conservateurs s'appelle Jason Kenney. L'infatigable ministre de l'Immigration de Stephen Harper s'est déjà créé tout un réseau dans les communautés culturelles. On assiste ces jours-ci à une multiplication d'apparitions médiatiques destinées à faire mousser sa popularité en vue d'un éventuel duel électoral entre le ministre et le futur chef libéral dans les communautés culturelles.

Dans la perspective d'une victoire au leadership de Justin Trudeau, il y a finalement une dernière possibilité — moins probable, mais pas nécessairement moins plausible que celle de la résurrection du PLC ou de sa disparition comme force fédérale au Canada —, celle des alliances.

Il y a indéniablement un caractère désespéré dans l'engouement actuel du Parti libéral pour Justin Trudeau, dont la candidature se veut une solution magique aux problèmes de fond engendrés par deux changements structurels : la réunification du Parti conservateur, en 2003, et le débarquement en force du NPD au Québec, en 2011.

En clair, on compte sur l'effet Trudeau pour faire reculer l'horloge et la ramener à une époque où le PLC avait l'envergure nationale de ses ambitions. C'est un défi énorme.

L'histoire récente ne manque pas d'exemples de candidatures gonflées à l'hélium qui n'ont pas résisté à la tourmente électorale. Kim Campbell, en 1993, et Paul Martin, en 2003, avaient tous deux l'allure de rouleaux compresseurs qui allaient tout écraser sur leur passage. On connaît la suite.

La campagne libérale n'a pas donné lieu à une véritable course, mais elle a offert un choix clair aux militants : d'un côté, le retour à un *statu quo* glorieux, que leur fait miroiter Justin Trudeau, et de l'autre, la possibilité d'un avenir plus coopératif avec le NPD, incarnée par la candidate Joyce Murray.

Au cours de la campagne, Joyce Murray s'est démarquée des autres candidats en proposant une alliance électorale avec les néo-démocrates en 2015. Le gouvernement de coalition qui pourrait en résulter resterait au pouvoir le temps d'instaurer un système électoral plus proportionnel et de renvoyer le Canada aux urnes en fonction des nouvelles règles du jeu.

Dans ce cas de figure, les gouvernements minoritaires au Canada seraient davantage la règle que l'exception, et la cohabitation au pouvoir des libéraux et des néo-démocrates pourrait devenir chose courante.

C'est une possibilité que rejettent pour l'heure les élites des deux partis en cause. Mais il y a un an, à la même date, une proposition similaire avait propulsé le candidat Nathan Cullen en troisième place dans la course à la direction du NPD.

Si, d'ici 12 mois, l'effet Trudeau se résume à perpétuer une guerre d'usure avec le NPD au profit des conservateurs à l'échelle fédérale et du Bloc au Québec, il ne faut pas écarter l'idée que le plan B d'un rapprochement entre les principaux partis d'opposition fédéralistes refasse surface. D'ici là, on saura si Justin Trudeau appartient au clan des Turner-Campbell-Martin ou à celui des Chrétien-Harper-Layton. (*15 avril 2013*)

✳✳✳

Le retour de la grosse machine rouge

S'il ne fallait retenir qu'une seule tendance lourde en politique canadienne, ce serait celle du retour en force de la marque de commerce libérale.

Au Québec, le PLQ — sous Philippe Couillard — est revenu aux affaires après moins de deux ans dans l'opposition et avec, en poche, un mandat majoritaire. En Ontario, le gouvernement libéral, donné pour mort au moment du départ de l'ex-premier ministre Dalton McGuinty, a reconquis, sous la direction de Kathleen Wynne, la majorité des sièges à Queen's Park. Au Nouveau-Brunswick, les libéraux de Brian Gallant ont raflé le pouvoir aux conservateurs après seulement un mandat dans l'opposition.

En cette fin d'année, des libéraux sont au pouvoir dans six des dix provinces canadiennes, dont trois des quatre plus peuplées. Si la tendance se maintient, une septième province, Terre-Neuve-et-Labrador, passera aux rouges dès le printemps prochain.

La scène fédérale n'a pas échappé à cette tendance. Le parti de Justin Trudeau a occupé la première place dans tous les sondages sur les intentions de vote publiés depuis le début de l'année. Et cette bonne performance a eu des échos dans l'urne : six élections partielles fédérales ont eu lieu en 2014, trois en Alberta et trois en Ontario. À tous les coups, la proportion du vote libéral a augmenté, du simple au triple ou au quadruple dans certains cas.

Les libéraux avaient récolté le pire score de leur histoire au scrutin fédéral de 2011. Ils partaient de très loin. Mais à la vitesse où ils récupèrent le terrain perdu, les sceptiques qui doutaient que le PLC puisse sauter de la troisième place des dernières élections au premier rang du scrutin de 2015 sont de plus en plus confondus.

Les élections complémentaires n'ont pas changé le rapport de force entre les partis à la Chambre des communes, mais leur effet sur la psychologie préélectorale est indéniable, et dévastateur pour le NPD.

Car les succès à répétition de Justin Trudeau, c'est aussi l'échec de Thomas Mulcair à imposer son parti à l'électorat de l'extérieur du Québec comme la solution de rechange aux conservateurs de Stephen Harper.

Malgré une performance solide à la tête de l'opposition officielle, le chef néo-démocrate continue de laisser de glace l'électorat progressiste du reste du Canada.

On l'a vu dans Trinity-Spadina, siège laissé vacant par la veuve de Jack Layton, Olivia Chow. Dans cette circonscription torontoise qui compte peut-être le plus grand nombre de membres de la gauche caviar canadienne au kilomètre carré, le candidat libéral, Adam Vaughan, a remporté la victoire avec une vingtaine de points d'avance sur son adversaire néo-démocrate.

Et on l'a vu encore le mois dernier à l'occasion de l'élection complémentaire dans Whitby–Oshawa, l'ancienne circonscription du défunt ministre des Finances Jim Flaherty. Dans cette circonscription de la banlieue torontoise, le vote néo-démocrate s'est effondré, passant de 22 % en 2011 à 8 %. Le résultat a eu l'effet d'une douche froide pour le NPD, mais aussi... pour les conservateurs.

Car jusqu'à présent, tous les calculs du Parti conservateur en prévision des élections générales de 2015 reposaient sur l'assurance d'une division du vote d'opposition entre libéraux et néo-démocrates. Les conservateurs n'avaient pas imaginé un effondrement du vote du NPD en faveur du PLC. Or, la dynamique observée dans Whitby–Oshawa, si elle se répétait l'an prochain, pourrait faire basculer l'Ontario (et le pouvoir) dans le camp libéral.

Le pire, convenait un stratège conservateur au lendemain du vote dans Whitby–Oshawa, c'est que l'équipe de Harper, en s'acharnant à présenter Justin Trudeau plutôt que Thomas Mulcair comme son ennemi numéro un depuis deux ans, a contribué à l'imposer comme l'aspirant le plus susceptible de battre Stephen Harper.

Au début de l'année, personne ne doutait que la politique allait réserver son lot de surprises habituelles. La défaite du Parti québécois, qui se voyait en piste pour un deuxième mandat — de préférence majoritaire — à la même date l'an dernier en est un bel exemple.

Mais qui aurait imaginé que les conservateurs de Stephen Harper boucleraient l'année en se demandant quoi faire pour aider Thomas Mulcair à remonter la pente savonneuse sur laquelle lui et son parti sont en train de glisser? (*Janvier 2015*)

La conscience troublée du Parlement

Dans la foulée du virage à 180 degrés du NPD, qui a prolongé le mois dernier les jours d'un gouvernement conservateur dont il se faisait depuis quatre ans une fierté de rejeter l'ensemble de l'œuvre, une vidéo enregistrée à l'occasion du souper annuel de la presse parlementaire en 2005 a refait surface.

Elle met en vedette Jack Layton, qui s'accompagne à la guitare pour chanter les vertus de la vente de l'appui du NPD au plus offrant. Intitulé « Party for Sale or Rent » (parti à vendre ou à louer), le texte composé pour l'occasion par le chef néo-démocrate ne laissait rien à l'interprétation.

« Offrez-moi n'importe quoi, n'importe quoi pour être dans les nouvelles. Sans principes et sans colonne vertébrale, n'importe quel gouvernement peut faire mon affaire », fredonnait alors allégrement Jack Layton devant un parterre de politiciens et de journalistes pliés en deux.

Il ne s'agit pas ici d'un enregistrement clandestin — du genre de celui où on voyait récemment Stephen Harper pourfendre les « socialistes et les séparatistes » pour mieux attiser les passions préélectorales de ses militants. À l'époque, la prestation de Jack Layton avait été diffusée en direct à CPAC, la chaîne parlementaire. Mais les circonstances entourant cette parodie étaient nettement plus glorieuses pour le NPD.

Au printemps de 2005, Jack Layton venait tout juste d'obtenir la réécriture d'un budget fédéral orienté sur ses priorités en échange d'un sursis accordé par les néo-démocrates au gouvernement minoritaire de Paul Martin. À sa demande, des milliards de dollars de dépenses sociales avaient été ajoutées au plan économique du gouvernement. En rétrospective, le chef néo-démocrate était au sommet de sa gloire. Depuis, il n'a jamais cessé de négocier à la baisse, à tel point que son autocaricature de 2005 finit aujourd'hui par lui aller comme un gant.

L'an dernier, Jack Layton avait posé des conditions minimales pour s'asseoir à la table d'une coalition avec Stéphane Dion. Mais au moins avait-il obtenu en retour une place dans un futur cabinet. Le mois dernier, il s'est contenté de miettes tombées de la table de l'assurance-emploi pour justifier son changement d'attitude radical à l'égard du gouvernement.

Pour ce faire, le NPD a accepté des modifications qui s'inspirent d'un concept victorien, celui du bon et du mauvais chômeur. Comme l'a fait remarquer le Syndicat des travailleurs canadiens de l'automobile, seuls les chômeurs qui n'ont jamais eu la malchance d'avoir besoin de l'assurance-emploi dans le passé profiteront des nouvelles dispositions; les autres ne devront compter que sur eux-mêmes.

On est loin de l'époque où le NPD défiait une opinion publique canadienne surchauffée pour s'insurger contre la Loi sur les mesures de guerre, en 1970. Ou de celle où, de 1972 à 1974, David Lewis profitait d'un Parlement minoritaire pour imposer son crédo en matière de nationalisme économique. Aujourd'hui, le NPD est devenu un parti dont les convictions sont à géométrie variable.

Mais la dérive de ce parti de principes, devenu parti de compromissions, n'a pas commencé avec Jack Layton. Elle s'est seulement intensifiée depuis son arrivée à la tête du NPD. Dès le départ d'Ed Broadbent, le NPD avait renié des années d'appui aux revendications traditionnelles du Québec en choisissant une chef débarquée en politique fédérale sur la vague anti-Meech.

Quelques années plus tard, la successeure d'Audrey McLaughlin, Alexa McDonough, enterrait sommairement l'appui néo-démocrate au concept d'autodétermination des peuples en appuyant la loi fédérale sur la clarté référendaire. Alexa McDonough avait bien flirté avec l'idée de s'opposer à la loi de Stéphane Dion, mais après avoir été rappelée à l'ordre par les premiers ministres néo-démocrates de l'Ouest, elle était rapidement rentrée dans le rang.

L'automne dernier, le parti de Jack Layton a fait campagne contre le projet de taxe sur le carbone de Stéphane Dion, position plus payante sur le plan électoral, en particulier en Colombie-Britannique, où les cousins provinciaux du NPD menaient leur propre croisade contre une taxe du même ordre, mais qui a découragé bien des écologistes.

Pour beaucoup de néo-démocrates, la méthode de Jack Layton commence à avoir fait son temps. Mais peut-être aura-t-il une dernière occasion de mettre son appui aux enchères si le résultat des prochaines élections devait laisser libéraux et conservateurs au coude-à-coude dans le compte de sièges. D'objecteur de conscience, le NPD est devenu le mercenaire du Parlement fédéral. *(1ᵉʳ novembre 2009)*

Le Québec et la bulle orange

Parmi les jeux vidéos qui connaissent une grande diffusion depuis la mise en marché du iPad, il y en a un que le chef libéral, Michael Ignatieff, aurait eu intérêt à maîtriser avant d'aller en campagne électorale.

Le jeu de stratégie *Osmos* place le joueur aux commandes d'une particule dont la mission consiste à grossir en absorbant des micro-organismes de taille inférieure. Au départ très modeste, la particule devient progressivement de taille à assimiler des organismes de plus en plus gros.

Si le Québec était un tableau d'*Osmos,* la particule en croissance serait orange, la couleur du NPD, et ses proies seraient rouges, à l'image du PLC. À cette étape-ci de la partie, ces dernières seraient une espèce en voie de disparition. La particule orange ne serait pas assurée de réussir le jeu pour autant.

Depuis 10 ans, au Québec, aucune formation fédérale n'a connu un taux de croissance aussi rapide dans les intentions de vote que le NPD. Le mois dernier, la formation de Jack Layton s'est présentée au fil de départ de la campagne avec environ 10 fois plus d'appuis au Québec qu'en 2000, année où le parti avait récolté à peine 2 % des suffrages.

Ces gains ont surtout été réalisés au détriment du Parti libéral. Selon un sondage CROP effectué au début de la campagne, la formation de Michael Ignatieff attire à peine 7 % de l'électorat francophone. C'est trois fois moins que le NPD, que le même sondage plaçait à 21 % chez les francophones.

D'autres sondages ont fait état de chiffres moins dévastateurs pour le PLC au Québec, mais ils ont reflété la même tendance lourde. Si celle-ci devait se maintenir jusqu'au vote du 2 mai, les résultats seraient tragiques pour les libéraux fédéraux. Car Michael Ignatieff n'a aucun espoir de remporter le scrutin s'il perd des sièges au Québec plutôt que d'en gagner.

Si le chef libéral devait finir en quatrième place, derrière le Bloc québécois, les conservateurs et les néo-démocrates, et perdre le peu d'espace qu'occupent encore les libéraux en territoire francophone, son successeur aurait toute une pente à remonter pour redonner au PLC les lettres de noblesse d'un grand parti.

Malgré ses prétentions actuelles, le PLC n'est déjà plus la principale force d'opposition aux conservateurs, ni dans les Prairies — où la lutte oppose plutôt les néo-démocrates aux candidats du gouvernement sortant — ni au Québec — dominé par le Bloc.

À l'extérieur d'une petite poignée de circonscriptions, la bulle orange de Jack Layton ne fait pas le poids par rapport à la bulle de Gilles Duceppe. La croissance fulgurante du NPD au Québec et l'affaiblissement libéral qui en résulte ont finalement de fortes chances de profiter surtout au Bloc québécois.

Sur le terrain, partisans libéraux et néo-démocrates se rendent compte qu'ils font les frais d'une lutte fratricide. Selon CROP, les trois quarts des électeurs québécois partisans des libéraux fédéraux et près des deux tiers des sympathisants néo-démocrates seraient favorables à une fusion des deux formations. Ce n'est pas étonnant : à un moment ou à un autre, ils ont presque tous voté libéral !

Si Michael Ignatieff s'était intéressé activement à cette option depuis deux ans, le parti qui aurait pu en résulter aurait au minimum été de taille à imposer une lutte électorale à trois au Québec. Le regroupement des forces québécoises du NPD et du PLC aurait même pu donner du fil à retordre au Bloc. En 2000, Jean Chrétien avait battu Gilles Duceppe à 44 % contre 40 % dans le vote populaire, entre autres grâce à la frange d'appuis qui s'est depuis déplacée vers le NPD.

Sur le front québécois, Jack Layton est le principal atout du NPD. Le sondage CROP confirme qu'il est plus populaire que Thomas Mulcair et plus connu, même si le député d'Outremont a été ministre libéral à Québec.

Pour que les progrès réalisés par Jack Layton au Québec depuis son arrivée à la tête du NPD survivent à son éventuel départ à la retraite, le parti a besoin de frapper un grand coup dans les urnes québécoises le 2 mai.

La lutte sans merci que se livrent libéraux et néo-démocrates au Québec dans le contexte de la campagne actuelle ne changera pas nécessairement le résultat global du scrutin du 2 mai. Mais son issue pourrait être déterminante pour l'avenir du NPD et du PLC, et contribuer à déterminer s'ils le vivront ensemble ou séparément. (*1er mai 2011*)

Jack Layton : star d'un soir ?

Depuis la Révolution tranquille, la trajectoire fédérale du Québec a été ponctuée de coups de cœur. Tous ont fini par être suivis de spectaculaires ruptures. Depuis 1960, aucune mouvance politique n'a échappé à ce parcours en montagnes russes. Il a eu raison aussi bien de chantres successifs du fédéralisme que d'un ténor souverainiste comme Gilles Duceppe.

À tour de rôle, les libéraux, les progressistes-conservateurs et, maintenant, le Bloc québécois ont appris à leurs dépens qu'en faisant du Québec leur pierre angulaire ils avaient construit sur du sable.

Comme le NPD de Jack Layton aujourd'hui, chacune de ces formations a débarqué sur la colline du Parlement avec un contingent québécois novice. En 1984, Brian Mulroney ne connaissait pas bon nombre de la soixantaine de députés québécois qu'il avait fait élire. En 1993, certains des élus bloquistes de Lucien Bouchard n'avaient pas compris qu'ils allaient devoir vivre à Ottawa plusieurs mois par année !

Pour le meilleur et parfois pour le pire, le dépoussiérage de la classe politique fédérale depuis 40 ans est beaucoup passé par de grands coups de balai québécois.

Mais l'histoire montre également qu'avant de passer à d'autres amours le Québec est d'abord capable d'une remarquable fidélité.

Pierre Trudeau a régné sans partage sur le Québec pendant une quinzaine d'années. Brian Mulroney a eu droit à une décennie.

Contre bien des attentes, le Bloc québécois a survécu tant à la défaite référendaire de 1995 qu'au départ de son chef fondateur, Lucien Bouchard, et à l'exil dans l'opposition du Parti québécois.

Il a fallu sept élections avant que le Bloc finisse par se heurter à un mur.

Tout cela pour dire que les vaincus québécois du 2 mai qui se consolent de leur défaite en imaginant qu'ils vont prendre leur revanche dans quatre ans s'illusionnent peut-être. En envisageant le risque de déroute du PLC quelques jours avant le scrutin, un stratège libéral angoissé pour l'avenir de son parti faisait remarquer que quand le NPD débarquait quelque part, il avait tendance à s'incruster.

Jusqu'à ce qu'Alexa McDonough prenne les rênes du NPD fédéral, au milieu des années 1990, le parti était absent de la carte des provinces de l'Atlantique. Sous l'impulsion de cette chef néo-écossaise, le NPD a fait une première apparition en Nouvelle-Écosse et au Nouveau-Brunswick au scrutin de 1997.

À l'époque, on avait attribué ce phénomène à un vote de protestation suscité par la réforme de l'assurance-emploi libérale et par les racines d'Alexa McDonough dans la région. Lors de son remplacement par Jack Layton, en 2002, beaucoup pensaient que c'en était fait de la fragile présence néo-démocrate à l'est du Québec. Ils se trompaient.

Aujourd'hui, le gouvernement de la Nouvelle-Écosse est néo-démocrate. Aux élections fédérales de 2008, le parti a gagné un premier siège à Terre-Neuve-et-Labrador. Le 2 mai dernier, la région de l'Atlantique a été la scène d'une chaude lutte à trois entre conservateurs, néo-démocrates et libéraux.

Dans la foulée de la victoire de Thomas Mulcair dans Outremont, en 2007, le NPD a également connu une croissance exponentielle en sol québécois. Au scrutin de 2008, la formation de Jack Layton avait scié les jambes du PLC dans une dizaine de circonscriptions fédéralistes. En 2011, c'est le Bloc qui est passé à la moulinette néo-démocrate.

Avec des députés à Victoria, Vancouver, Edmonton, Winnipeg, Toronto, Montréal, Québec, Halifax et St. John's, le NPD est désormais implanté dans davantage de grandes villes canadiennes que les libéraux.

Installé dans l'opposition officielle pour quatre ans, le parti aura le temps de faire son nid au Québec. Aux côtés d'un Bloc québécois moribond et d'un PLC en proie à une crise existentielle, face à un gouvernement dénué d'atomes crochus avec le Québec, le NPD aura l'occasion d'occuper tout le terrain de l'opposition.

La guerre prévisible entre le NPD et les conservateurs n'aura pas nécessairement lieu sur le terrain sensible des relations Canada-Québec. Pour réconcilier sa vision d'un gouvernement central fort avec ses ambitions québécoises, le NPD de Jack Layton s'est converti au concept du sur-mesure pour le Québec. À l'instar de Stephen Harper, le chef néo-démocrate adhère au principe de relations fédérales-provinciales asymétriques, tout au moins dans le cas du Québec. On en reparlera. En attendant, si le passé est garant de l'avenir, Jack Layton a de sérieuses chances d'être davantage que la star d'un soir du scrutin de 2011 au Québec. (*1ᵉʳ juin 2011*)

La plus pénible leçon de 2011

Que se serait-il passé si la vague orange du printemps dernier ne s'était pas brisée à la rivière des Outaouais et avait porté le NPD jusqu'aux rives du pouvoir?

La question ne relève pas tout à fait de la politique-fiction. Le 2 mai dernier, il aurait suffi d'une variation de quelques points dans les suffrages exprimés dans le reste du Canada pour que les néo-démocrates puissent soit former un gouvernement minoritaire, soit proposer une coalition aux libéraux.

Connaissant Jack Layton et son équipe, on conçoit mal que le NPD aurait résisté à la tentation de remplacer les conserva-teurs au pouvoir. On peut aussi, malheureusement, imaginer la suite.

Quelques mois plus tard, un gouvernement fragile et sans expé-rience aurait été décapité avant même d'avoir fait adopter son premier budget. Ce gouvernement orphelin aurait été d'autant plus déboussolé qu'il se serait trouvé devant un vide sidérant sur le front du leadership.

Ce n'est pas moi qui le dis, ce sont plutôt les événements qui ont suivi le décès de Jack Layton qui l'indiquent.

Sans attendre de voir quels députés brigueraient la succession, des doyens respectés du NPD — comme l'ancien chef fédéral Ed Broadbent et l'ex-premier ministre de la Saskatchewan Roy Romanow — se sont empressés de proposer Brian Topp, stratège non élu, comme prochain chef.

Au cours d'une conversation récente, Ed Broadbent m'a juré qu'il avait donné sa bénédiction hâtive au candidat Topp en connaissance de cause et en fonction d'une évaluation rigoureuse des autres aspirants probables au leadership.

Si Roy Romanow et Ed Broadbent sont arrivés rapidement à la conclusion qu'aucun des députés du NPD ne s'imposait comme chef de l'opposition officielle, il faut croire que leur jugement aurait été encore plus sévère si le parti avait dû remplacer un premier ministre au pied levé.

Pendant que sept de ses députés font campagne au leadership, le NPD peine à s'acquitter de son nouveau rôle d'opposition officielle. S'il était au pouvoir, on peut se demander comment il aurait été capable de gouverner.

Avant, pendant et après la campagne électorale, une grande pudeur journalistique a entouré le sujet de la santé du défunt chef du NPD. Rétrospectivement, cette pudeur paraît déplacée.

Personne n'est à l'abri d'un problème de santé. Tout le monde se souvient de la bactérie mangeuse de chair qui a terrassé Lucien Bouchard, en 1994. Quelques mois après qu'il se fut retrouvé aux soins intensifs, c'est un chef en pleine possession de tous ses moyens qui a repris les rênes du Bloc québécois.

Le cas de Jack Layton était néanmoins différent. Son cancer de la prostate était du domaine public. Les explications fournies sur la fracture à la hanche qui l'a obligé à faire campagne une canne à la main étaient nébuleuses. Malgré ce flou artistique, on savait que les difficultés ambulatoires de Jack Layton ne tenaient pas à un accident anodin.

Dans les mêmes circonstances, Stephen Harper et Michael Ignatieff auraient été soumis à un questionnement plus rigoureux. Dans leur cas, la thèse voulant que les électeurs soient en droit de savoir si leur prochain premier ministre est suffisamment en bonne santé pour diriger le Canada pendant quatre ou cinq ans l'aurait emporté sur toute autre considération.

Si l'état de santé de Jack Layton n'a pas été scruté à la loupe par les médias avant et durant la campagne, ce n'est pas tant par respect pour sa vie privée que parce que, pendant longtemps, personne ne croyait qu'il était en piste pour le titre de premier ministre (ni même pour le rôle néanmoins majeur de chef de l'opposition officielle).

Et si les médias n'ont pas mis les bouchées doubles par la suite, c'est parce qu'il était trop tard pour aider les électeurs à faire un choix éclairé. Ce qui relevait de la saine curiosité journalistique avant le scrutin serait devenu, une fois le vote passé, un acte de voyeurisme gratuit.

La plus pénible leçon politico-journalistique de 2011, c'est que les médias ne rendent service à personne en détournant leur regard d'un malheur humain dont la pertinence pour la suite des choses devrait normalement leur crever les yeux. *(Janvier 2012)*

Le nouveau pont

Il n'est pas question ici du futur pont Champlain, mais du lien virtuel, et néanmoins névralgique, que se sont résolus à renforcer les néo-démocrates en choisissant un Québécois pour chef.

Si Thomas Mulcair réussit à établir une jonction durable de l'électorat québécois et du NPD, ce sera la première fois qu'un pont politique viendra relier les sociaux-démocrates du Québec à ceux du reste du Canada. Du coup, la nouvelle position du NPD à la tête du peloton progressiste fédéral sera consolidée.

Mais pour réaliser ce grand rêve de la gauche canadienne, Thomas Mulcair devra réussir une manœuvre que Brian Mulroney et Stephen Harper n'ont pas su accomplir sur le flanc de la droite.

Jusqu'au rapatriement unilatéral de la Constitution, en 1982, le Parti libéral avait l'exclusivité du pont Canada-Québec. Ce lien politique était la condition gagnante de son quasi-monopole sur le pouvoir à Ottawa. La tournure du dossier constitutionnel l'a sérieusement endommagé.

Ni Brian Mulroney, à l'époque de Meech, ni Stephen Harper, à ses débuts au pouvoir, n'ont réussi à construire un pont de rechange conservateur. Le premier ministre actuel a apparemment abandonné le chantier.

Le pont en devenir du NPD n'est pas nécessairement à l'épreuve des tempêtes constitutionnelles. Si la tendance se maintient dans les intentions de vote au Québec — les sondages indiquent une remontée du Parti québécois —, ses fondations pourraient être minées par la pièce maîtresse sur laquelle Jack Layton avait entrepris de s'appuyer au Québec.

Cette pièce maîtresse, la déclaration de Sherbrooke, a beaucoup servi de carte de visite au NPD au Québec lors des élections de mai 2011. L'énoncé, qui stipule notamment que le NPD accepterait le départ du Québec de la fédération canadienne sur la base d'une majorité simple (50 % plus un), a été conçu avant que Thomas Mulcair rejoigne les rangs du parti.

En 2006, ce texte avait été entériné sans débats particulièrement déchirants, à une époque où la question de l'avenir politique du Québec n'était pas à l'avant-plan de l'actualité.

Le Parti québécois était dans l'opposition, et l'absence criante d'atomes crochus entre le Québec et le gouvernement de Stephen Harper n'était pas encore une évidence. Au contraire, le Parti conservateur était alors en pleine lune de miel québécoise.

Présentée au Québec comme une manifestation d'ouverture, la déclaration était en quelque sorte un prix de consolation destiné à compenser l'incapacité de Jack Layton d'abroger la loi sur la clarté référendaire. Cette loi laisse entendre que le gouvernement fédéral ne se satisferait pas d'une majorité simple pour négocier le départ du Québec de la fédération.

À ses débuts, le chef néo-démocrate avait donné à penser qu'un gouvernement du NPD répudierait la loi de Stéphane Dion. Il avait rapidement dû ajuster le tir.

Au moment de la conception de cette loi, dans la foulée du référendum de 1995, la leader du NPD de l'époque, Alexa McDonough, avait flirté avec l'idée de s'y opposer... jusqu'à ce que ses militants de l'Ouest canadien, les premiers ministres néo-démocrates des Prairies en tête, la rappellent à l'ordre.

Dans le reste du Canada, la loi sur la clarté est depuis devenue intouchable. C'est en quelque sorte une vache sacrée, au même titre ou presque que la loi fédérale sur la santé, qui balise l'assurance maladie.

Au cours des dernières semaines, l'adhésion du NPD à la règle des 50 % plus un a été critiquée par le PLC. Les ténors libéraux la présentent comme une preuve d'irresponsabilité de la part du NPD.

En éditorial, récemment, le *Toronto Star* a fait de cette position néo-démocrate le principal bémol à son appui à la candidature au leadership de Thomas Mulcair.

Au Québec, plus de la moitié des électeurs qui avaient voté pour Jean Chrétien dans la foulée de l'adoption de la loi sur la clarté, en 2000, ont appuyé le NPD au printemps dernier. Il s'agit d'une clientèle fédéraliste hypersensible au débat national québécois.

Jusqu'à présent, la discussion qui a entouré l'énoncé de principe du NPD s'est déroulée dans l'abstrait. Mais ce ne sera plus le cas si le PQ revient au pouvoir à la faveur du prochain scrutin québécois. Du coup, la déclaration de Sherbrooke pourrait devenir le maillon faible du NPD. *(1ᵉʳ mai 2012)*

Thomas Mulcair : bulletin de l'an 1

En politique, la ligne de démarcation entre un chef à l'allure invincible et un leader mal-aimé est vite franchie — surtout lorsque celui-ci est dans l'opposition. Un an après son arrivée à la tête du Nouveau Parti démocratique du Canada, Thomas Mulcair frôle dangereusement cette frontière.

Selon un sondage Ekos mené en février, seulement 56 % des électeurs néo-démocrates ont une bonne opinion de l'efficacité de leur chef. C'est nettement moins que pour Stephen Harper, dont la performance rallie les trois quarts des conservateurs, ou Justin Trudeau, qui jouit de l'approbation des deux tiers de l'électorat libéral.

Sur le front des intentions de vote, les résultats ne sont pas moins partagés. D'un sondage à l'autre, le NPD se maintient en deuxième place à l'échelle canadienne, mais il n'est en réelle position de force dans aucune des régions du pays.

Au Québec, l'écart entre le NPD et ses rivaux s'est (inévitablement) rétréci depuis le raz-de-marée de 2011. Ailleurs, les néo-démocrates se classent systématiquement en deuxième place derrière les conservateurs ou les libéraux, ou encore en troisième place.

Mais avant de refuser la note de passage à Thomas Mulcair pour sa première année à la tête du NPD, il faut mettre les chiffres en perspective. Sur le plan de l'appréciation du travail de leur chef, par exemple, les électeurs — moins nombreux que jamais — qui s'identifient encore au PLC ont tendance à être des libéraux purs et durs pour qui le nom Trudeau a une résonance affective très particulière.

Victoires électorales aidant, surtout si elles sont à répétition, un premier ministre en exercice est généralement davantage apprécié par son parti qu'un chef de l'opposition. Stephen Harper, qui a fait la périlleuse traversée de l'opposition au pouvoir, pourrait en témoigner.

D'autre part, les Harper et Trudeau sont issus du sérail de leurs formations respectives. Par comparaison, Thomas Mulcair est le fruit de la greffe très récente du Québec au tronc commun du NPD canadien.

Sous son leadership, le NPD a largement gagné la bataille de la crédibilité parlementaire. Un an après l'arrivée de Mulcair à la tête du parti, personne ne doute qu'il possède les compétences d'un premier ministre.

Au total, pour sa première audition dans un rôle de premier plan aux Communes, le parti offre une performance à la hauteur des exigences de la fonction d'opposition officielle.

Mais les néo-démocrates ont le désavantage d'occuper cette position stratégique au terme d'un cycle de gouvernements minoritaires. À tout prendre, le NPD avait davantage d'influence sur le cours des événements lorsqu'il était en quatrième place sous des gouvernements minoritaires qu'à titre de principal critique d'un premier ministre majoritaire.

Contrairement à Jack Layton, qui avait systématiquement l'occasion de bien s'en tirer au jeu parlementaire, Thomas Mulcair mène ses troupes au front dans des batailles perdues d'avance aux Communes.

Après un demi-siècle dans un rôle permanent d'opposition, bien des néo-démocrates composent difficilement avec le changement de mentalité que leur impose la conquête du pouvoir.

Sous Thomas Mulcair, le NPD a entrepris d'étoffer son discours économique, quitte à nuancer son activisme social. On n'a pas vu le chef néo-démocrate en première ligne du printemps érable au Québec l'an dernier ni des manifestations contre la réforme conservatrice de l'assurance-emploi cet hiver. Dans une entrevue-bilan qu'il a donnée à la CBC à la fin février, il a été davantage question de sables bitumineux et de pipelines que de programmes sociaux.

La forte présence québécoise dans les rangs du NPD rend également incontournables des débats qui ne sont pas toujours porteurs dans l'ensemble du Canada. La discussion récente des règles d'un éventuel référendum sur la souveraineté gagné — ou perdu — avec 50 % des voix plus une est un cas d'espèce. Ironie de la chose, c'est un dossier sur lequel la position de Thomas Mulcair colle davantage à la tradition du NPD et à l'héritage de Jack Layton que celle de ses critiques néo-démocrates.

Les 12 prochains mois verront le Parlement actuel franchir la ligne de mi-mandat. Ils détermineront si le verre du leadership de Thomas Mulcair est à moitié plein ou à moitié vide. En attendant, en comparaison du bulletin de l'an 1 de Jean Chrétien ou de Stephen Harper, celui du chef néo-démocrate se situe dans la très respectable moyenne. (*1ᵉʳ avril 2013*)

Le Bloc caméléon

Gilles Duceppe est comme la reine Élisabeth II. Il occupe son trône depuis tellement longtemps que l'usure est en voie d'avoir raison de sa succession.

Le chef du Bloc québécois a déjà plus de campagnes électorales à son actif que le détenteur précédent de la palme de la longévité comme chef d'un parti d'opposition fédéral moderne, le néo-démocrate Ed Broadbent.

Au terme des prochaines élections, Gilles Duceppe aura mené son parti en campagne plus souvent que tous les premiers ministres qui se sont succédé à la tête du Canada depuis Mackenzie King. Seulement sept députés à la Chambre des communes comptent davantage d'années de service continu que le leader du Bloc.

D'un scrutin à l'autre, les rangs de la formation bloquiste qui a débarqué au Parlement fédéral avec Lucien Bouchard, en 1993, sont de plus en plus clairsemés. De neuf aujourd'hui, les députés bloquistes de la première heure pourraient n'être plus qu'une poignée au prochain rendez-vous électoral.

Leurs remplaçants n'ont jamais réussi à occuper le même espace médiatique et parlementaire que cette première cohorte bloquiste. La place que s'étaient taillée des personnages colorés comme l'ex-députée de Rimouski, Suzanne Tremblay, ou des parlementaires redoutables comme son collègue de Roberval, Michel Gauthier, est restée vacante.

Le refroidissement des ardeurs référendaires explique en partie ce phénomène. Le rôle d'opposition permanente du Bloc ne le prédestine pas non plus à attirer des vedettes. C'est plutôt vers Québec et l'ambition de devenir un jour ministre que se tournent naturellement les grosses pointures.

Au fil des années, une partie de la relève du Bloc est entrée à l'Assemblée nationale ou a tenté de le faire. La décision du député de Montmagny–L'Islet–Kamouraska–Rivière-du-Loup, Paul Crête, de briguer les suffrages dans la circonscription provinciale laissée vacante par Mario Dumont s'inscrit dans cette mouvance.

Il n'y a pas si longtemps, Gilles Duceppe lui-même lorgnait du côté de l'Assemblée nationale. Si la performance de Pauline Marois aux élections de l'automne dernier n'avait pas été convaincante, on peut penser qu'il aurait ressuscité son projet de briguer le leadership péquiste.

D'un scrutin à l'autre, le chef du Bloc jure qu'il sera partant pour la campagne suivante. L'avènement de gouvernements minoritaires à répétition ne lui donne franchement pas tellement le choix. Une campagne électorale n'attend pas l'autre à Ottawa — ce qui rend malaisés les changements de garde.

Surtout, avec le temps, Gilles Duceppe est devenu la valeur la plus sûre d'une formation qu'il domine chaque année davantage. Quand il accrochera ses patins, le Bloc va se retrouver avec une transition difficile et, presque certainement, une crise existentielle sur les bras.

Car la constance du Bloc a pour effet d'occulter un environnement qui s'apparente de moins en moins à celui qui avait favorisé son éclosion, il y a une vingtaine d'années.

Depuis l'arrivée au pouvoir des conservateurs, par exemple, le fléchissement de la ferveur référendaire ne se dément pas. Malgré des politiques qui hérissent fondamentalement le Québec — tels la poursuite de la guerre en Afghanistan, l'abandon du protocole de Kyoto, les efforts pour transformer le registre des armes à feu en coquille vide, les compressions dans la culture et le traitement à deux vitesses de dossiers comme celui de l'harmonisation des taxes de vente —, le Oui vivote autour de 40 %.

Le mouvement souverainiste est encore bien vivant, mais le réflexe qui portait une frange décisive de nationalistes mous à traiter la souveraineté comme une valeur refuge, quand elle se sentait agressée par le gouvernement fédéral de l'heure, s'est émoussé.

Pour la première fois, l'appui à la souveraineté n'a pas remonté à la faveur de la présence à Québec d'un gouvernement fédéraliste. Les conservateurs de Stephen Harper et les libéraux de Jean Charest dégringolent dans les sondages, mais cela ne se traduit pas par une hausse de popularité de la souveraineté.

À la place, à la faveur du laisser-faire conservateur des trois dernières années, bien des Québécois se sont découvert un nouvel appétit pour un gouvernement fédéral proactif.

Ils disent de plus en plus haut et fort qu'ils veulent un gouvernement qui aide les minorités linguistiques à faire valoir leurs droits, soutient activement la culture, a des ambitions internationales qui correspondent à leurs idéaux et un désir de leadership musclé sur le front de l'environnement.

D'une campagne électorale à l'autre, le Bloc, sous la direction de Gilles Duceppe, incarne davantage ce désir d'un Canada à l'image des idéaux québécois que la cause de la souveraineté. Mais pour combien de temps? (*1er juin 2009*)

L'électeur québécois : personnalité politique 2011

À la même date l'an dernier, bien des observateurs s'attendaient à ce que Michael Ignatieff ne finisse pas l'année en politique fédérale, mais personne n'avait imaginé que les électeurs québécois passeraient Gilles Duceppe à la trappe.

Toutes catégories confondues, la défaite cinglante essuyée par le Bloc québécois le 2 mai dernier a été l'événement charnière de l'année politique 2011.

Par comparaison, l'arrivée au pouvoir d'un gouvernement conservateur majoritaire constituait un jalon prévisible dans la progression de la formation de Stephen Harper depuis sa réunification, en 2003.

Comme en a fait foi la réélection de six gouvernements provinciaux l'automne dernier, la continuité était dans l'air du temps dans le reste du Canada en 2011. L'électorat québécois, par contre, semble plutôt déterminé à changer d'air.

Pour la première fois depuis la Révolution tranquille, le 2 mai dernier, un élu non québécois (à la tête d'un parti sans attaches réelles au Québec) a battu un chef fédéral québécois.

Ce ne sont pas des fédéralistes à tout crin qui ont dicté ce changement, mais plutôt des électeurs francophones nationalistes. Et ils ne l'ont certainement pas fait en raison d'un soudain pouvoir d'attraction du fédéralisme.

Au contraire, le PLC est l'ombre du protagoniste fédéraliste de premier plan qu'il a été lors des référendums de 1980 et de 1995.

Et les gouvernements fédéralistes qui sont au pouvoir à Québec et à Ottawa battent des records d'impopularité.

L'électorat québécois n'a pas non plus renoncé à 20 ans d'opposition perpétuelle à Ottawa parce qu'il était pressé de reprendre contact avec l'exercice du pouvoir. Le NPD n'a jamais été au pouvoir. Pendant longtemps, il n'a même pas semblé le convoiter sérieusement.

L'équipe bloquiste qui était sur les rangs le printemps dernier n'avait pas la vigueur de la cohorte qui avait débarqué en force au Parlement en 1993. Mais elle comptait tout de même moins de maillons faibles que le caucus novice du NPD.

Les valeurs que défend le NPD ne sont pas tellement différentes de celles que défendait le Bloc québécois. La thèse d'un ralliement collectif des électeurs québécois à des valeurs de gauche tient encore moins la route devant l'engouement de bon nombre de ces mêmes électeurs pour le programme plutôt conservateur défendu par François Legault et sa Coalition Avenir Québec.

Quant à l'attrait hypnotique de la personnalité transcendante de Jack Layton : parle-t-on ici du même électorat qui a refusé de dire oui à Lucien Bouchard et à René Lévesque ?

D'autre part, si les électeurs avaient été irrémédiablement las de Gilles Duceppe, l'ancien chef du Bloc québécois ne serait pas le favori fantôme pour mener le PQ à la victoire au prochain scrutin.

Il est vrai que, sur le front fédéral, le Québec a davantage tendance à donner de grands coups de balai électoraux que les autres provinces. Mais dans le passé, ces coups de balai ont toujours reflété une tendance lourde liée à la question nationale.

Brian Mulroney et les conservateurs ont gagné le Québec après le rapatriement de la Constitution sans le Québec par un gouvernement libéral. Lucien Bouchard a installé le Bloc dans le paysage à Ottawa dans la foulée de l'échec des accords de Meech.

Il a fallu le scandale des commandites pour entrouvrir la porte du Québec aux conservateurs de Stephen Harper et, par la suite, au NPD. Encore là, l'élément déclencheur du mouvement avait un lien direct avec la question nationale.

Depuis le scrutin fédéral, les sondages laissent entendre que l'électorat serait tout aussi disposé à gommer le Parti québécois de la carte qu'il l'a été dans le cas du Bloc.

Malgré la présence à Ottawa d'un gouvernement dont les politiques heurtent à répétition de grands consensus québécois, l'appui à la souveraineté continue de glisser.

Imprévisible et inconséquent, l'électeur québécois ? Pas tant que cela. Jusqu'à présent, il y a un fil conducteur dans la pièce en plusieurs actes dont il est le metteur en scène.

Parce que, pour le meilleur ou pour le pire, il a déplacé des montagnes en 2011 et qu'il continuera de tenir en haleine la classe politique canadienne et québécoise en 2012, l'électeur québécois mérite le titre de personnalité de l'année qui vient de se terminer.

(Février 2012)

Faut-il sauver le soldat Beaulieu?

En devenant chef du Bloc québécois, le printemps dernier, Mario Beaulieu se voyait monter en première ligne, à la tête d'un commando fédéral voué à la seule et unique mission de ranimer la flamme souverainiste.

Une centaine de jours plus tard, le vide s'est fait autour du nouveau général en chef du Bloc, et cela, sans que le camp fédéraliste ait tiré un seul coup de canon.

L'arrivée de Mario Beaulieu à la tête du parti, en juin, a suscité un mouvement de désertion qui a déjà amputé le Bloc de la moitié de son caucus. Un troisième député, le transfuge Claude Patry (qui avait été élu sous la bannière néo-démocrate en 2011), a annoncé qu'il ne briguerait pas de second mandat l'an prochain.

Le parti est en chute libre dans les intentions de vote.

Son chef fondateur, Lucien Bouchard, ne se gêne plus pour déclarer publiquement que le Bloc — qu'il a créé il y a presque 25 ans — a fait son temps.

D'autres prédécesseurs de Mario Beaulieu, comme Gilles Duceppe et Daniel Paillé, se sont lavé les mains du sort de leur successeur.

Il ne faut pas compter sur les chefs bloquistes à la retraite pour mener une mission de sauvetage ni encore pour se mobiliser afin de sauver le Bloc en passant son nouveau chef à la trappe.

Contrairement à d'autres démocraties parlementaires, comme le Royaume-Uni, le Canada n'a pas (encore) de mécanisme permettant à un caucus de députés de déposer un chef.

Dans le passé, cela n'a pas empêché l'Alliance canadienne de forcer Stockwell Day à soumettre son leadership à un vote (qu'il a perdu contre Stephen Harper) ou encore le clan Martin de pousser Jean Chrétien à arrêter la date de sa retraite politique. En 1988, des libéraux haut placés ont même songé à déposer leur chef, John Turner, en pleine campagne électorale.

Sauf qu'il est question ici de partis dont personne ne remettait la pertinence en cause. Aujourd'hui, l'idée que le Bloc n'a plus de raison d'être est à peine moins répandue dans les officines souverainistes qu'au sein de l'électorat.

D'autre part, avant de se débarrasser sommairement d'un chef nouvellement élu, encore faut-il avoir une solution de rechange sous la main.

Si Mario Beaulieu ne s'était pas manifesté, sur le tard, pour faire la lutte au député André Bellavance, ce dernier aurait été acclamé chef du Bloc par défaut. Mais rien n'indique que l'élection de M. Bellavance aurait été porteuse de lendemains meilleurs pour le Bloc.

La victoire au leadership de Mario Beaulieu est celle de l'aile la plus militante du mouvement souverainiste sur un establishment bloquiste laissé à lui-même par les forces vives qui ont animé le parti dans le passé.

Ravir cette victoire à ce contingent de militants en sciant les jambes de son nouveau chef, c'est s'exposer à voir éclater au grand jour de nouvelles divisions au sein de la famille souverainiste au sens large. Aucun des candidats présumés à la direction du PQ n'a intérêt à se mettre à dos l'aile la plus combative du parti qu'il ou elle aspire à diriger.

Abandonné par tous les survivants du scrutin de 2011 sauf un, Mario Beaulieu a les mains libres pour recruter une équipe de candidats à son image et à la ressemblance du parcours du combattant qu'il préconise.

La caisse du Bloc québécois est suffisamment bien garnie pour lui permettre de mener une campagne qui ne se résumera pas à une affaire de bouts de chandelles.

Le Bloc n'a pas beaucoup de place dans la vie du Parlement actuel, mais la campagne électorale assure à son chef une tribune pendant une quarantaine de jours, y compris, jusqu'à preuve du contraire, sur le plateau francophone du débat des chefs, sinon sur celui des réseaux anglophones. (Radio-Canada ou TVA pourrait difficilement exclure du débat le chef d'un parti qui a récolté plus d'appuis que le PLC et les conservateurs au Québec lors des dernières élections fédérales.)

Depuis le temps que l'aile ultra-souverainiste du PQ, à laquelle appartient Mario Beaulieu, martèle que le chemin de l'adhésion d'une majorité de l'électorat québécois passe par la promotion matin, midi et soir du projet d'indépendance, voilà une belle occasion de soumettre cette thèse à l'épreuve du réel. *(1er octobre 2014)*

La fuite en avant des partis progressistes

Qui se souvient de la dernière fois qu'un parti au pouvoir à Ottawa a volé une grande idée au NPD ? Personne de moins de 30 ans, car il faut remonter à la fin des années Trudeau pour dénicher la dernière initiative fédérale d'envergure à refléter l'influence néodémocrate. C'était la Loi nationale sur la santé et on était en 1984.

C'est difficile à imaginer aujourd'hui, alors que ce sont les verts qui défendent un projet de revenu annuel garanti et les libéraux qui défendent une taxe sur le carbone, mais de 1960 à 1984, le NPD a été la source à laquelle les gouvernements en mal de politiques progressistes allaient régulièrement s'abreuver.

Pendant le règne de Jean Chrétien, c'est plutôt à la droite que le PLC est allé piquer les politiques qui ont fait son succès. Le déficit zéro, la loi sur la clarté étaient autant de concepts d'abord dénigrés par les libéraux, puis plagiés à même le programme réformiste de Preston Manning (et assimilés par la suite par le NPD).

À défaut de se voler des idées, le NPD et le PLC se chipent désormais des candidats. Au Québec, la grande offensive néodémocrate de la campagne électorale est pilotée par l'ancien ministre libéral Thomas Mulcair. Et la circonscription québécoise la plus susceptible d'aller rejoindre Outremont dans le camp néodémocrate le 14 octobre est celle de Gatineau, où la députée libérale fédérale Françoise Boivin, vaincue en 2006, brigue cette fois les suffrages sous la bannière de Jack Layton.

À l'inverse, le Parti libéral compte deux ex-premiers ministres néo-démocrates, le Britanno-Colombien Ujjal Dosanjh et l'Ontarien Bob Rae, parmi ses candidats-vedettes. L'ancien premier ministre de la Saskatchewan Roy Romanow est lui-même passé à un cheveu de sauter la clôture pour rejoindre son ami Jean Chrétien sur les barricades électorales en 2000.

Une fois la présente campagne électorale passée, il n'est pas exclu que Bob Rae, néo-démocrate repenti, soit de nouveau partant pour prendre la tête des libéraux fédéraux, pendant que Thomas Mulcair, libéral de carrière, se retrouverait favori pour la succession de Jack Layton!

C'est en présumant que leurs formations d'adoption respectives seront encore debout le 15 octobre au matin.

En effet, la campagne électorale en cours risque davantage de passer à l'histoire pour l'âpre lutte qui se livre à la gauche des conservateurs que pour un débat de fond entre les visions progressiste et conservatrice du Canada de demain.

Cette lutte fratricide consterne les milieux progressistes, qui savent de moins en moins à quel saint se vouer. À leurs yeux, tout est en place pour une répétition du scénario de 1988. Néo-démocrates et libéraux avaient alors divisé le vote anti-libre-échange, ouvrant la voie au second mandat majoritaire de Brian Mulroney.

Mais à l'époque, il y avait seulement deux partis à la gauche des conservateurs. Aujourd'hui, ils sont quatre. À l'extérieur du Québec, les verts menacent davantage le NPD, et au moins autant les libéraux, que les conservateurs. Au Québec, néo-démocrates et libéraux ont les yeux rivés sur le flanc gauche du Bloc québécois plutôt que sur l'électorat bleu de Stephen Harper.

Quant au duel plus classique que se livrent le NPD et le PLC, il a autant de chances de produire un vainqueur que la guerre d'usure qui a si longtemps et si inutilement opposé progressistes-conservateurs et réformistes. Le seul gagnant avait été Jean Chrétien.

Il y a 20 ans, le NPD avait misé sur la représentation proportionnelle pour contrer les effets pervers de la division du vote progressiste. Depuis, on a assisté à la multiplication des partis qui courtisent l'électorat de centre gauche, sans que la réforme du mode de scrutin progresse d'un iota.

Au cours de la dernière législature, Jack Layton n'est même pas parvenu à faire accepter la création d'une commission parlementaire sur la question. L'idée d'un nouveau mode de scrutin n'a plus d'élan depuis que des projets en ce sens se sont enlisés en Colombie-Britannique, en Ontario et à l'Île-du-Prince-Édouard.

Stephen Harper est vraisemblablement le chef le plus à droite qu'aura jamais le Parti conservateur fédéral et il ratisse tout de même suffisamment large pour espérer un second mandat, possiblement majoritaire. Pendant ce temps, ses adversaires s'arrachent le même carré de pelouse. Si la tendance se maintient, au lendemain du prochain scrutin, les partis progressistes ne pourront plus se soustraire à un examen de conscience, qu'ils auront le loisir de faire dans l'opposition. *(15 octobre 2008)*

La révolution « tranquille » du Canada

Si Stephen Harper remporte son pari de faire élire un gouvernement conservateur majoritaire aux prochaines élections, ce sera parce que bien des Canadiens ont apparemment perdu le goût du changement.

Depuis le début de l'automne, le désir de stabilité de l'électorat se manifeste plus fortement d'un sondage à l'autre, pour le plus grand profit des conservateurs. Mais c'est davantage pour régler le cas du Parlement fédéral pour quatre ans que parce qu'ils veulent donner à Stephen Harper les moyens de ses ambitions en matière de politiques publiques que les électeurs semblent de mieux en mieux disposés à l'égard d'une majorité conservatrice.

Selon ces mêmes sondages, l'incapacité des partis d'opposition de mobiliser l'opinion publique autour de grands enjeux comme la problématique des changements climatiques ou encore le rôle du Canada sur la scène internationale ne tient pas strictement à des carences sur le plan du leadership.

Il n'y a pas actuellement au Canada de grand appétit de nouveaux chantiers collectifs ni d'intérêt apparent pour des propositions de projets de société. L'activisme gouvernemental (fédéral) a rarement été aussi peu dans l'air du temps.

En octobre, cela faisait dire à Frank Graves, sondeur d'Ekos, qu'à tout prendre Stephen Harper — un premier ministre allergique au concept même des grandes corvées gouvernementales

— était peut-être en voie de devenir l'homme de la situation au Canada.

Mais ce n'est pas parce qu'un gouvernement majoritaire conservateur pourrait naître d'une absence de désir collectif de changement que tout ne serait pas en place pour une véritable révolution fédérale.

Pour Stephen Harper, être majoritaire dans son troisième mandat serait l'occasion ou jamais de laisser sa marque sur le Canada. Après avoir consacré beaucoup d'énergie pendant ses deux mandats minoritaires à assurer la réélection de son parti, il serait libre de consacrer l'énergie de son gouvernement à la planification de son héritage de premier ministre.

Pour ce faire, il disposerait de l'ensemble des leviers du pouvoir parlementaire. Les conservateurs sont à quelques nominations de détenir la majorité au Sénat. Ce sera chose faite au plus tard au début de l'an prochain.

La combinaison d'un gouvernement majoritaire qui voit l'interventionnisme étatique comme une tare et de l'objectif fédéral de rétablir l'équilibre budgétaire le plus tôt possible serait la condition gagnante d'une éventuelle reconfiguration radicale du rôle de l'État fédéral. Le filet de sécurité sociale canadien et le rôle du gouvernement fédéral dans le maintien de celui-ci n'échapperaient vraisemblablement pas à cette reconfiguration.

Plus rien ne s'opposerait à ce que le gouvernement Harper balise le pouvoir fédéral de dépenser pour limiter le pouvoir d'initiative de ses successeurs en matière sociale. L'expiration en 2014 de l'entente-cadre sur le financement de la santé fournirait à un gouvernement conservateur majoritaire l'occasion de repenser l'approche fédérale dans ce domaine.

Et le Québec dans tout cela? L'électorat québécois n'aura sans doute plus jamais autant d'influence sur la composition de la Chambre des communes qu'au prochain scrutin. Dans toutes les éventualités, la prochaine redistribution électorale diminuera son poids relatif sur la scène fédérale. D'ici la fin d'un éventuel mandat fédéral majoritaire, en 2014 ou 2015, le poids combiné de l'Alberta et de la Colombie-Britannique aux Communes pourrait, pour la première fois, excéder celui du Québec

Même si Stephen Harper doublait ses gains au Québec aux prochaines élections, ce qui serait déjà un tour de force dans l'état actuel de l'opinion, sa députation québécoise ferait difficilement le poids contre les caucus combinés de l'Ontario et de l'Ouest. Dans tous les cas de figure, on serait loin de la dynamique qui soustendait le dernier gouvernement majoritaire conservateur, celui de Brian Mulroney, qui était non seulement élu au Québec, mais encore appuyé par une base électorale québécoise plus modérée sur le plan idéologique que la moyenne conservatrice canadienne.

Même en faisant élire une cinquantaine de députés, le Bloc québécois ne pourrait pas pallier ce déficit d'influence. Devant un gouvernement conservateur majoritaire, le rôle de la formation souverainiste serait marginal. L'élimination du financement public des partis fédéraux, à laquelle les conservateurs se promettent de procéder dès les premières heures d'un mandat majoritaire, réduirait encore sa capacité de rayonnement.

En fin de compte, un gouvernement majoritaire conservateur permettrait de voir, à l'usage, si le vieux rêve réformiste d'un Québec moins influent dans les affaires du Canada et la vision nationaliste québécoise d'un gouvernement fédéral moins présent dans les affaires du Québec peuvent faire bon ménage. Il est permis d'en douter. *(15 décembre 2009)*

Les mythes du 2 mai

Stephen Harper n'a pas volé sa majorité gouvernementale. Le 2 mai dernier, le Parti conservateur n'a pas remporté 167 sièges sur 308 à la seule faveur d'une division du vote progressiste entre les partis d'opposition.

Le jour du scrutin, la formation de Stephen Harper a amélioré son score par rapport à 2008 dans toutes les provinces, exception faite du Québec. En Ontario et au Manitoba, les conservateurs ont récolté cinq points de pourcentage de plus. À Terre-Neuve-et-Labrador, ils ont presque doublé leur score, passant de 16 % à 28 %.

Contrairement à ce que voudrait une nouvelle légende urbaine, le reste du Canada ne s'est pas pour autant jeté dans les bras de Stephen Harper pendant que le Québec lui tournait le dos. Le NPD de Jack Layton a également connu une meilleure soirée électorale qu'en 2008. Plutôt que d'être en marge du courant principal canadien avec sa forte représentation néo-démocrate, le Québec fait figure de locomotive.

À l'instar des conservateurs, les néo-démocrates ont gagné du terrain dans neuf provinces. Le Québec, où le score du NPD est passé de 12 % à 43 %, arrive en tête de liste. Mais en Ontario, la hausse du vote néo-démocrate (sept points) a été plus importante que la hausse conservatrice. Idem au Nouveau-Brunswick (neuf points contre quatre) et en Colombie-Britannique (six points contre un). Seule Terre-Neuve-et-Labrador a boudé la vague orange. Les néo-démocrates y ont perdu un point de pourcentage, ce qui ne les a pas empêchés d'enregistrer un gain d'un siège.

Au total, 60 % de l'électorat canadien a voté pour une formation à gauche du Parti conservateur le 2 mai. C'est seulement deux points de moins qu'en 2008. Derrière ces deux points se cache l'aile droite du PLC, qui est largement passée aux conservateurs le mois dernier.

Car le Parti libéral n'a pas simplement été victime d'une division défavorable du vote. Le vote libéral a régressé dans toutes les provinces. En Saskatchewan, la proportion du vote obtenue par le mal-aimé Stéphane Dion en 2008 (14,9 %) était presque deux fois plus élevée que celle enregistrée sous Michael Ignatieff (8 %). En Ontario, le PLC avait recueilli un tiers des votes aux élections précédentes ; il a dû se contenter d'un maigre quart cette fois-ci.

Au Québec, l'ampleur de la descente aux enfers du parti de Gilles Duceppe en matière de sièges a eu pour effet d'occulter une réalité encore plus impitoyable pour les libéraux.

De nombreux électeurs fédéralistes, y compris une partie de la clientèle traditionnelle allophone et anglophone du PLC, ont emboîté le pas à l'électorat autrefois bloquiste le 2 mai, ce qui a aidé le NPD à remporter des sièges en territoire résolument fédéraliste, comme LaSalle-Émard, ancien fief de l'ex-premier ministre Paul Martin, ou encore Notre-Dame-de-Grâce–Lachine.

Dans Vaudreuil-Soulanges — une circonscription réputée sûre sous Jean Chrétien —, le PLC a été relégué au quatrième rang, avec seulement 11 % du vote. Le soir des élections, Marc Garneau a fait ses adieux aux électeurs de Westmount–Ville-Marie. C'est seulement plus tard dans la nuit que le lieutenant québécois de Michael Ignatieff a appris qu'il avait finalement conservé son siège. Au total, le vote libéral au Québec est tombé sous la barre des 15 %, et le parti a fini la course en quatrième place dans la moitié des 75 circonscriptions.

Les électeurs qui ont en si grand nombre fait faux bond au Bloc québécois ne se sont pas nécessairement convertis au fédéralisme. Mais on peut difficilement dissocier leur décision de la démarche souverainiste. Elle survient alors que le Parti québécois n'a jamais autant eu le pouvoir dans sa mire depuis une décennie, et les leaders souverainistes ont passé la deuxième moitié de la campagne à marteler le message que le vote fédéral constituait une épreuve de force entre fédéralistes et souverainistes.

Avec cette victoire majoritaire, la reconstruction du Parti conservateur sur des assises pancanadiennes est presque complète. Mais les forces d'opposition sont également moins divisées, et leur reconfiguration dans le sens d'un véhicule unique, de taille à se mesurer à forces plus égales aux conservateurs, a également fait un bond en avant.

À la dissolution du Parlement précédent, le PLC, qui était alors la principale opposition, était à 78 sièges du nombre requis pour former un gouvernement majoritaire. Aujourd'hui, seulement 52 sièges séparent la nouvelle opposition officielle néo-démocrate du même objectif. Cependant, ces sièges, qui constituent le chaînon manquant d'un gouvernement fédéral progressiste, seront presque certainement plus difficiles encore à remporter que les 103 premiers. On en reparlera à l'automne. *(15 juin 2011)*

Alliances électorales : une mauvaise bonne idée

Parmi les aspirants à la succession de Jack Layton, un seul s'intéresse ouvertement et activement à un éventuel rapprochement entre les néo-démocrates et les libéraux. Dans le cadre de sa campagne, le député de la Colombie-Britannique Nathan Cullen fait la promotion d'une alliance NPD-PLC aux prochaines élections fédérales.

S'il devenait chef le 24 mars, Cullen proposerait qu'un seul candidat — libéral ou néo-démocrate — se présente dans les 166 circonscriptions remportées par le Parti conservateur le 2 mai dernier. Jusqu'à présent, son idée l'a confiné dans la catégorie des candidats de second plan, mais pas nécessairement pour les bonnes raisons.

Comme chef néo-démocrate, Jack Layton s'est distingué par son ouverture à la négociation d'arrangements divers pour rapprocher le parti du pouvoir. Jusqu'aux dernières élections, le NPD était à la remorque du PLC dans ce débat. Maintenant que le parti est aux commandes de l'opposition officielle, les principaux candidats à la succession semblent davantage intéressés par la poursuite d'une lutte sans merci contre le PLC que par la recherche de façons de cohabiter.

On préfère raconter à la base militante ce qu'elle veut entendre, c'est-à-dire que pour arriver au grand soir, le NPD n'a pas besoin de mettre de l'eau dans son vin. C'est dommage, parce que le principal mérite de la proposition de Cullen aurait été de susciter une discussion sérieuse sur diverses pistes de règlement de la division chronique de l'électorat progressiste, division qui risque d'assurer le succès du Parti conservateur dans un avenir prévisible.

Sur le fond, par contre, la formule qu'avance Cullen ne résiste pas à l'épreuve de la réalité.

Si le NPD et les libéraux l'avaient adoptée pour faire front commun contre le Bloc québécois aux dernières élections, par exemple, les néo-démocrates n'auraient pas eu besoin d'autant de « poteaux ».

Dans un système où le candidat local aurait été choisi au suffrage des membres des deux partis dans chaque circonscription, le parti fantôme qu'était le NPD en région n'aurait pas souvent fait le poids contre les libéraux, même dans leur état anémique actuel.

Mais dans une telle situation, les électeurs bloquistes qui ont été séduits par la campagne de Jack Layton auraient-ils vraiment considéré un vote pour Michael Ignatieff comme un exutoire acceptable pour manifester leur enthousiasme pour le NPD ?

En Ontario, pendant la dernière semaine de la campagne, la perspective d'une percée néo-démocrate a incité une frange importante d'électeurs libéraux à se jeter dans les bras du PC. Ils préféraient voir Stephen Harper rester au pouvoir plutôt que d'ouvrir la voie à un gouvernement fédéral dirigé par le NPD.

Dans le plan de Cullen, les électeurs de plus de la moitié des circonscriptions du Canada n'auraient pas la possibilité de choisir entre le PLC et le NPD. Malgré cela, il prévoit que les deux partis proposeraient des programmes différents et que leurs chefs croiseraient le fer à l'occasion des débats télévisés.

La proposition de Nathan Cullen repose sur l'hypothèse — foncièrement douteuse — qu'un électeur est progressiste avant d'être libéral ou néo-démocrate, et que cela suffit pour surmonter aussi bien le peu d'enthousiasme envers un chef que des divergences importantes à l'égard des politiques de son parti.

Au Québec, la même théorie des vases communicants sous-tend l'idée d'une alliance électorale entre le Parti québécois et Québec solidaire. En dépit de leur appartenance commune au courant souverainiste, les deux formations diffèrent pourtant sur des sujets fondamentaux. Sur la gestion de l'économie, par exemple, le PQ est franchement plus près du PLQ que de Québec solidaire.

Sur ce front, et à l'instar des sympathisants libéraux ontariens qui ont finalement voté pour Harper le 2 mai dernier, une partie de l'électorat péquiste est plus susceptible de s'identifier au crédo de la Coalition Avenir Québec, de François Legault, qu'à celui de Québec solidaire.

Au Canada comme au Québec, proposer une alliance électorale qui ne repose pas au minimum sur un programme commun de gouvernement, c'est un peu comme dire à quelqu'un qui se cherche un vélo que la façon d'y arriver passe par un bail de location d'auto.

(1er mars 2012)

La machine à fabriquer du vide

Sur fond de ballet diplomatique sur la question de la Syrie dans les grandes capitales, l'été politique canadien a été dominé par l'aveu du chef du troisième parti à Ottawa qu'il avait consommé de la marijuana au cours de sa vie de député.

Par sa confession publique et la promesse de légaliser ladite substance, Justin Trudeau a volé la vedette au premier ministre, Stephen Harper, et au chef de l'opposition officielle, Thomas Mulcair (tout en faisant un ménage préventif de son placard).

Au nombre des paradoxes actuels au Canada, il y a le fait que la conversation politique s'apparente de plus en plus à du bavardage, alors que Harper et Mulcair, qui devraient animer le débat à titre de principaux chefs fédéraux, sont tous les deux des hommes de contenu.

Dans l'ouvrage *Shopping for Votes,* publié cet automne, ma collègue du *Toronto Star* Susan Delacourt affirme, recherches à l'appui, que la vacuité croissante du propos politique canadien n'est pas un accident.

Elle résulterait plutôt du fait qu'une partie importante de la classe politique a troqué ses habits d'officiant de l'État contre ceux de marchand du temple. De citoyens convoqués aux rites d'une société démocratique, les électeurs sont devenus, aux yeux de ceux qui convoitent leurs votes, des consommateurs qu'on cherche à fidéliser en s'appuyant sur les règles de l'art du marketing commercial.

Selon l'auteure, aucun parti n'a autant adapté les techniques du clientélisme à ses objectifs que celui de Stephen Harper. Au-delà de l'image, c'est le discours conservateur dans son ensemble qui est filtré à travers le tamis du marketing.

• Le populisme à la Tim Hortons que cultive le chef conservateur ne reflète en rien la personnalité distante du premier ministre. Il s'agit de l'emballage qui correspond le mieux aux goûts de la clientèle recherchée par son parti.

• Les propos, presque robotisés, qui sortent de la bouche de ses députés n'ont pas pour objectif d'alimenter intelligemment la conversation publique, mais de marteler le message — le plus simple possible — conçu par les faiseurs d'image du parti.

• La mise à l'écart de la presse parlementaire découle de l'utilité tout à fait relative de cette dernière dans les nouvelles stratégies de communication de la classe gouvernante. Armés d'une banque de données personnelles de plus en plus élaborée, les partis — conservateur en tête — sont à même de découper l'électorat en tranches de plus en plus minces et de cibler des messages de plus en plus pointus. La notion d'auditoire pancanadien devient alors une abstraction.

Les trois victoires électorales de Harper témoignent du succès de la recette, mais celle-ci comporte ses effets pervers. Delacourt note entre autres la disparition de la ligne entre le cycle électoral et la gouvernance, laquelle est désormais au service des impératifs d'une campagne permanente.

Dans un monde où le client a toujours raison, personne ne lui dira que l'habit qu'il aime le mieux ne lui convient pas. De plus en plus, les partis fédéraux préfèrent remettre cinq cents dans la poche de chaque contribuable que d'en convaincre 20 d'investir un dollar dans l'infrastructure sociale de la collectivité.

Enfin, les politiciens s'approprient les méthodes de marketing commercial tout en se soustrayant, au nom de leur statut d'agents démocratiques, aux critères de rigueur auxquels l'entreprise privée est soumise. Et contrairement aux grandes chaînes, qui s'astreignent à ne pas faire de marketing sur le dos de leurs concurrentes, les partis se vilipendent à qui mieux mieux, avec pour résultat, note l'auteure, que de plus en plus d'électeurs décrochent de la politique.

Le Parti conservateur n'a déjà plus le monopole du marketing 2.0. Susan Delacourt raconte comment, en prévision des dernières élections fédérales, le NPD avait trimé dur pour mettre sa machine et son discours au même diapason.

Ironie de la chose, la vague orange québécoise qui a donné au résultat du NPD, en 2011, son caractère historique a été obtenue à l'ancienne, à coups de discours rassembleurs, plutôt qu'à l'aide des nouvelles techniques de pointe du marketing politique. C'est peut-être parce qu'au Québec le « nous » collectif est trop enraciné dans les mœurs pour que la stratégie axée sur le « je » que décrit Susan Delacourt dans son livre soit vraiment efficace. Mais pour combien de temps? *(15 octobre 2013)*

L'arme secrète de Stephen Harper

En instaurant le financement public des partis fédéraux, en 2003, Jean Chrétien ne voulait certainement pas faire une fleur au Parti québécois. En rétrospective, cela fut néanmoins un des effets durables de sa réforme.

En libérant le Bloc québécois de l'obligation de collecter des fonds pour assurer sa survie, l'ancien premier ministre libéral a permis à la formation souverainiste fédérale d'abandonner l'essentiel du terrain du financement populaire au PQ. Aujourd'hui, plus de 80 % du financement du Bloc est assuré par une subvention fédérale, calculée annuellement au prorata de son dernier score électoral. La somme a récemment été revue à la hausse : 1,99 $ par vote.

Sans cette révolution dans la vie des partis fédéraux, ni le Bloc ni le Parti québécois ne seraient en aussi bonne posture financière. Au moment de l'entrée en vigueur de la réforme Chrétien, la double sollicitation des militants, qui avait résulté de la naissance du Bloc, en 1990, était sur le point de devenir insoutenable.

Le retour au pouvoir des libéraux à Québec en 2003 et le report d'un autre référendum aux calendes grecques ont été autant de facteurs démotivants pour la base militante, sur les épaules de laquelle reposait le financement des deux partis. Et sans la réforme, les scrutins à répétition des dernières années auraient doublement sapé les énergies et les ressources du mouvement souverainiste. Cinq ans, trois élections fédérales et deux campagnes québécoises plus tard, on peut affirmer sans se tromper que Pauline Marois et Gilles Duceppe doivent une fière chandelle à Jean Chrétien.

La dépendance du Bloc aux subventions fédérales est unique en son genre. Aucun autre parti ne s'en remet autant aux deniers de l'État pour se financer. C'est cette situation, presque autant que le financement public d'un parti souverainiste par l'État canadien, qui fait de plus en plus figure de chiffon rouge.

Ce chiffon rouge, les conservateurs de Stephen Harper l'agitent d'autant plus allégrement que la situation pique également au vif les libéraux et les néo-démocrates. Dans leur propre intérêt, le PLC et le NPD auraient néanmoins avantage à prendre leur courage à deux mains pour défendre l'intégrité de ce système.

Car sous le couvert de pourfendre les souverainistes, les stratèges conservateurs visent un autre enjeu que celui de simplement couper les ailes du Bloc. L'élimination de la subvention directe aux formations politiques est un élément important d'une stratégie destinée à assurer la domination du Parti conservateur sur l'échiquier fédéral.

Dans un premier temps, un régime sans subvention au prorata du vote avantagerait davantage les partis de pouvoir et, *a fortiori*, ceux dont les politiques sont plus attirantes pour les Canadiens bien nantis — qui ont davantage les moyens de joindre le geste à la parole. Plusieurs sondages ont démontré que les conservateurs — champions toutes catégories des baisses d'impôt — ont davantage la cote auprès des contribuables plus fortunés.

Cela dit, il s'agit d'une tranche volage de donateurs, dont les faveurs ont tendance à graviter vers le parti au pouvoir, quel qu'il soit. En matière de financement, les conservateurs ont un autre atout dans leur manche.

La plus grande contribution du Parti réformiste au Parti conservateur actuel consiste à l'avoir doté du système de collecte de fonds le plus populiste et le plus performant au Canada. Pendant les six premiers mois de 2009, par exemple, près de 75 000 Canadiens ont alimenté la caisse du Parti conservateur de Stephen Harper. Par comparaison, seulement 35 000 personnes ont donné des sous aux libéraux.

Pour arriver à ce rayonnement populaire, les réformistes ont notamment emprunté une des recettes à succès de la droite religieuse américaine : ils se sont connectés au vaste réseau, très actif, des organismes qui font la promotion du conservatisme social.

Depuis qu'il est au pouvoir, un des grands succès de Stephen Harper consiste à avoir entretenu la loyauté de ces militants sans leur faire de concessions majeures. Pour y arriver, son gouvernement leur fait des appels du pied ponctuels. Ces invites des conservateurs à l'intention de la droite religieuse ont souvent plongé les observateurs dans des abîmes de perplexité. Pourquoi, demandent-ils régulièrement, courtiser des éléments marginaux qui ne trouveront jamais mieux ailleurs que chez les conservateurs le jour du scrutin ? Réponse : parce que ces purs et durs ont prouvé qu'ils ont les moyens de leurs convictions. (*1ᵉʳ octobre 2009*)

Un Québec impuissant dans un Canada « uni »

Stephen Harper n'est pas le premier premier ministre fédéral à confier les communications de son cabinet à un responsable qui ne parle pas français.

Paul Martin l'avait fait avant lui. La différence, c'est que le choix du premier ministre actuel survient alors qu'il a déjà fait le vide autour de son gouvernement au Québec.

La nomination à la fin de l'été d'Angelo Persichilli au poste névralgique de directeur des communications au sein de la garde rapprochée du premier ministre s'inscrit dans la logique de la stratégie conservatrice de séduction des communautés culturelles. Le jour de sa nomination, le ministre de l'Immigration, Jason Kenney, le décrivait comme « l'éminence grise des médias ethniques canadiens ».

Mais son arrivée a pour effet secondaire d'amplifier l'absence déjà criante du Québec au sein du gouvernement Harper. Car le très visible Dimitri Soudas, auquel succède Angelo Persichilli, était également le principal conseiller québécois de Stephen Harper. Il jouissait auprès de son patron d'un accès inégalé parmi les Québécois qui gravitent autour du gouvernement conservateur.

Au total, le Québec n'a jamais occupé aussi peu de place qu'actuellement dans les lieux de pouvoir de la capitale fédérale.

Voici quelques chiffres :

Dans le gouvernement de Stephen Harper, le Québec, avec 5 députés, arrive au 7ᵉ rang des provinces pour la place qu'il occupe dans le caucus conservateur, juste devant la Nouvelle-Écosse (4), Terre-Neuve-et-Labrador (1) et l'Île-du-Prince-Édouard (1).

L'Ontario (73) compte 14 fois plus de députés bleus que le Québec. Quant au Manitoba (11) et à la Saskatchewan (13), elles ont ensemble un poids presque cinq fois supérieur au sien.

Par comparaison, en plein scandale des commandites, en 2004, le caucus québécois de Paul Martin, avec 21 députés, était le second en importance sur les bancs du gouvernement — derrière l'Ontario.

La faiblesse de la voix québécoise au sein du gouvernement ne se traduit pas par un gain proportionnel d'influence sur les destinées de l'opposition fédéraliste.

Aux Communes, les députés néo-démocrates du Québec comptent pour la majorité de leur formation. Leur présence est à l'origine de la montée en grade du NPD, passé de tiers parti à opposition officielle.

Mais dans la foulée du décès de Jack Layton, les 59 élus québécois ont rapidement découvert que, dans la bataille de la succession, ils risquaient d'être davantage des spectateurs que des acteurs de première ligne.

Si le prochain chef du NPD avait été élu le mois dernier en fonction de la règle du suffrage universel des membres du parti, le vote québécois aurait compté pour 2 % du total.

Pour avoir un rapport de force équivalent au poids démographique du Québec dans le cadre d'une telle formule, il faudrait que les députés québécois du NPD multiplient par 20 le nombre de membres actuels d'ici le vote au leadership !

L'absence prolongée du Québec dans bien des officines fédéralistes ou même sa démographie ne sont pas seules en cause dans ce déficit croissant d'influence. Une certaine négation de sa culture politique distincte y contribue également.

Contrairement à ce qui est la norme ailleurs au Canada, aucun des trois principaux partis fédéraux n'a de pendant à l'Assemblée nationale. En Ontario, par exemple, les libéraux de Dalton McGuinty et les néo-démocrates d'Andrea Horwath partagent leurs listes de membres avec leurs cousins fédéraux.

Mais le NPD est absent de l'Assemblée nationale et les libéraux québécois et fédéraux ont toujours fait chambre à part.

Sans racines provinciales, les formations fédérales sont, par définition, moins solidement implantées au Québec que dans la plupart des autres provinces. Au moment où un vent de populisme souffle sur les mœurs de tous les partis fédéraux, l'absence de reconnaissance pratique de cette différence contribue à limiter la participation québécoise aux grands jeux fédéralistes.

On nage ici en plein paradoxe. En 20 ans, le Québec n'a jamais été aussi tiède à l'égard de la souveraineté et des partis qui la véhiculent. Mais il n'a jamais non plus été aussi absent des lieux de pouvoir et d'influence politique d'un Canada auquel il semble néanmoins voué à continuer d'appartenir. Trouvez l'erreur !

(1er octobre 2011)

Le *New* Canada

Réfléchissant à voix haute aux tendances lourdes de la démographie canadienne, l'ancien chef réformiste Preston Manning s'est récemment demandé si le jour n'approchait pas où le sentiment d'exclusion de provinces comme le Québec des centres de décisions fédéraux n'allait pas devenir le grand défi politique du Canada.

Celui qui s'est fait le porteur du slogan « *The West wants in* », au milieu des années 1980, constatait avec une pointe d'inquiétude certains des effets pervers du succès de sa mission sur la place de plus en plus effacée du Canada atlantique et du Québec dans l'espace fédéral.

Le pouvoir a bel et bien changé de camp au cours des 25 années qui se sont écoulées depuis que Manning a pris le bâton de pèlerin pour forcer les portes des temples du pouvoir fédéral.

Aujourd'hui, le premier ministre du Canada est un élu de l'Alberta et les premiers ministres des quatre provinces de l'Ouest sont plus susceptibles d'être entendus, et surtout écoutés, à Ottawa que celui de l'Ontario ou du Québec.

Aux Communes, le Québec et l'Alberta ont inversé leurs rôles. Dans le passé, l'Alberta a été plus souvent dans l'opposition qu'au pouvoir. À l'avenir, le contraire pourrait devenir la règle. La faiblesse chronique des deux autres grands partis fédéralistes sur des pans complets du territoire électoral de l'Ouest est une condition gagnante pour les conservateurs de Stephen Harper.

Il y a à peine une douzaine d'années, un chef libéral comme Jean Chrétien pouvait se dispenser de faire campagne en Alberta sans risquer de ne pas être réélu avec une majorité.

De nos jours, l'absence du Parti libéral du paysage politique des Prairies est un problème aussi criant pour son avenir que l'a été l'incapacité des conservateurs ou du NPD de se tailler une place au Québec. Le Parti conservateur, par contre, peut fort bien se passer de l'électorat québécois.

Les premières données du dernier recensement publiées au début de février par Statistique Canada permettent de croire que la nouvelle ère qui règne depuis six ans à Ottawa n'est pas passagère. Jusqu'à nouvel ordre, le XXIe siècle appartient à l'Ouest.

Pas étonnant que la diminution lente mais progressive du poids politique du Québec dans la fédération fasse partie du portrait. Mais le mal de vivre économique de l'Ontario accélère le mouvement de balancier de l'est vers l'ouest.

De 2006 à 2011, ce sont les populations et les économies des provinces à l'ouest de l'Ontario qui ont enregistré les plus hauts taux de croissance. La population de l'Alberta a augmenté presque deux fois plus vite que celle de l'Ontario.

Contrairement au Québec, l'Ontario est une pièce maîtresse de l'édifice électoral de Stephen Harper. Ce dernier a intérêt à l'entretenir. Chaque mois, les pressions se font plus fortes pour qu'une partie de l'argent fédéral que reçoit le Québec grâce à la péréquation aille à l'Ontario.

Longtemps agacé par la préférence ontarienne pour un gouvernement central fort, Québec pourrait même finir par s'ennuyer de l'époque où Queen's Park pouvait imposer sa vision des choses à Ottawa.

L'éloignement de la capitale fédérale aidant, les provinces de l'Ouest ne partagent pas l'engouement pour un gouvernement fédéral interventionniste. Elles ne sont pas non plus intéressées par le fait que leurs contributions à la péréquation aident à financer, dans les provinces qui bénéficient de la redistribution de leur richesse, un filet de sécurité sociale plus solide que le leur.

Au jeu du chacun-pour-soi, et devant un gouvernement fédéral déterminé à rester dans sa cour, l'autonomie longtemps réclamée par le Québec en matière de politique sociale risque de lui coûter de plus en plus cher.

Si le Québec décidait, dans 10, 20 ou 30 ans, de quitter la fédération, le reste du Canada serait sans doute moins enclin à le retenir qu'en 1995 ou en 1980.

Les répercussions de son départ seraient nettement moins perturbantes pour un gouvernement fédéral au sein duquel le Québec a cessé d'être une force vive ou pour des provinces dont l'économie n'est pas tellement tributaire de la participation québécoise au marché canadien.

Si la tendance se maintient, le Québec pourrait finir par devoir dépenser davantage d'énergie pour garder une place digne de ce nom au sein du Canada de demain que pour en sortir. *(15 mars 2012)*

Le petit Hébert

La bataille fédérale du Québec en cinq circonscriptions

C'est une bataille fédérale inédite qui se déroulera au Québec cet automne. Pour la première fois depuis sa fondation, il y a 25 ans, le Bloc québécois part en campagne avec plusieurs longueurs de retard sur le peloton fédéraliste.

En marge d'une lutte à trois pour le pouvoir à Ottawa, la formation souverainiste fédérale jouera sa peau. L'arrivée de Pierre Karl Péladeau à la tête du Parti québécois aidera-t-elle à ramener au bercail les milliers d'électeurs nationalistes qui ont tourné le dos à Gilles Duceppe en 2011? Les chances de Thomas Mulcair de devenir le premier chef de gouvernement néo-démocrate de l'histoire du Canada, celles de Justin Trudeau de marcher sur les traces de son père et celles de Stephen Harper de remporter un autre mandat majoritaire pourraient dépendre de la réponse à cette question. Voici cinq circonscriptions où les luttes seront à l'image des enjeux stratégiques de l'élection prochaine.

1. La Pointe-de-l'Île : Pour sa première campagne comme candidat fédéral, le chef bloquiste, Mario Beaulieu, a choisi la circonscription où l'ex-députée Francine Lalonde a été élue à six reprises avant son départ à la retraite, pour cause de maladie, en 2011.

Mais la victoire est loin de lui être acquise. Portée par la vague orange, la néo-démocrate Ève Péclet avait remporté 48 % des suffrages, contre 32 % pour le Bloc il y a quatre ans. Et les électeurs québécois n'ont pas toujours le cœur tendre pour les chefs de parti.

Gilles Duceppe, Pauline Marois et Jean Charest peuvent en témoigner.

2. Ahuntsic-Cartierville : Aux dernières élections fédérales, une seule circonscription montréalaise était restée fidèle au Bloc. Mais depuis, la députée Maria Mourani a rejoint le NPD plutôt que de se rallier au projet d'une charte de la laïcité. Sous ses nouvelles couleurs, elle doit maintenant empêcher le PLC de reprendre une circonscription qu'il a longtemps détenue.

Les libéraux ont des racines plus profondes dans Ahuntsic-Cartierville que dans la moyenne des circonscriptions québécoises. En 2011, ils étaient passés à un point de pourcentage de l'emporter. En toute logique, le retour en force des libéraux fédéraux au Québec sous Justin Trudeau devrait passer par ce quartier montréalais.

Sauf que, pendant que Maria Mourani fait campagne, Mélanie Joly — ex-candidate à la mairie de Montréal que des stratèges libéraux voient comme une recrue-vedette — doit encore convaincre son association de circonscription de la choisir comme candidate.

3. Mont-Royal : Les conservateurs rêvent depuis des années de s'emparer de l'ancien siège de Pierre Trudeau. Dans une circonscription qui compte une forte communauté juive, la politique pro-Israël de Stephen Harper est un atout pour son parti.

À la faveur du départ à la retraite du député libéral Irwin Cotler, libéraux et conservateurs seront respectivement représentés par le maire de Côte-Saint-Luc, Anthony Housefather, et l'ancien chef du Parti Égalité Robert Libman.

4. Louis-Saint-Laurent : S'il fallait suivre une seule bataille dans la région de la Capitale-Nationale, ce serait celle qui s'amorce dans une circonscription qui a élu, en 10 ans, un bloquiste, une conservatrice et une néo-démocrate.

En 2011, la néo-démocrate Alexandrine Latendresse avait ravi le siège à la ministre conservatrice Josée Verner. Cette année, Mme Latendresse ne se représente pas, et conservateurs et néo-démocrates ont déniché de grosses pointures.

Dans le coin droit, l'ancien chef adéquiste et ex-député caquiste Gérard Deltell. C'est la recrue-vedette, toutes régions québécoises confondues, de Stephen Harper cette année.

Dans le coin gauche, G. Daniel Caron, diplomate de carrière ministrable qui a été ambassadeur du Canada en Ukraine de 2008 à 2011, défend les couleurs de Thomas Mulcair.

5. Richmond-Arthabaska : Parmi les beaux restes bloquistes que convoitent les conservateurs, cette circonscription, orpheline de parti depuis que son député, André Bellavance, a quitté le Bloc — pour siéger comme indépendant — dans la foulée de l'arrivée de Mario Beaulieu, se classe en tête de liste.

En 2011, les conservateurs avaient fini en troisième place, huit points derrière le NPD et neuf points derrière le Bloc. Stephen Harper compte sur le maire de Victoriaville, Alain Rayes, pour remonter la pente.

Dans l'état actuel des sondages, aucun parti n'a le luxe de faire une croix sur le Québec cette année... (*Juillet 2015*)

La Cour du premier ministre

Si Stephen Harper avait été au pouvoir en 1997, il n'aurait sans doute pas nommé le juge Michel Bastarache à la Cour suprême du Canada. À l'époque, le Parti réformiste et le Bloc québécois avaient protesté contre le choix du premier ministre, Jean Chrétien, notamment parce que l'avocat Bastarache avait fait campagne pour l'adoption de l'accord constitutionnel de Charlottetown lors du référendum fédéral de 1992.

Avant de rejoindre les rangs de la magistrature, au milieu des années 1990, Michel Bastarache avait longtemps milité pour l'expansion des droits linguistiques de la minorité acadienne. C'est une cause qui a toujours touché une corde sensible chez Jean Chrétien. L'idée d'installer un de ses plus ardents défenseurs au plus haut tribunal du pays a indubitablement contribué à faire pencher la balance en faveur de la nomination du juge Bastarache.

Onze ans plus tard, le départ à la retraite du même juge a suscité de nouveaux débats. La représentation régionale est un élément fondamental de la composition de la Cour suprême. Le juge Bastarache venait du Nouveau-Brunswick. En toute logique, son successeur allait presque certainement être choisi parmi les juristes de l'une des trois autres provinces de l'Atlantique.

Depuis son entrée dans la Confédération, Terre-Neuve-et-Labrador n'a jamais été représentée à la Cour suprême. Dans les milieux juridiques terre-neuviens, beaucoup estimaient que l'ancien premier ministre Clyde Wells était tout désigné pour ouvrir la voie. Après s'être retiré de la politique, en 1996, Clyde Wells avait renoué avec le droit. Au moment du choix du remplaçant de Michel Bastarache, à l'automne 2008, il était le juge en chef de sa province et un candidat logique pour la Cour suprême.

Mais on imagine mal que l'idée d'installer l'ex-politicien provincial le plus identifié au torpillage de Meech aurait passé la rampe au Québec ou encore dans la mouvance de Brian Mulroney au sein du Parti conservateur fédéral. Toujours est-il que si le nom de Clyde Wells a été proposé par ses pairs juristes, le gouvernement Harper ne l'a pas retenu.

D'ailleurs, au même moment, un concert de voix s'est élevé pour faire valoir que le successeur d'un juge aussi lié à la dualité linguistique canadienne que Michel Bastarache devait être bilingue. À la Chambre des communes, les trois partis d'opposition se sont entendus pour dire que l'atteinte d'un certain niveau de bilinguisme devrait être une exigence incontournable pour accéder à la Cour suprême.

Un projet de loi privé, piloté par le député néo-démocrate acadien Yvon Godin, a résulté de ce débat. Il est actuellement à l'étude au Sénat. Mais il n'a pas l'appui du gouvernement conservateur. Sans se rendre aux arguments de l'opposition, le premier ministre Harper a néanmoins choisi un candidat bilingue, le juge Thomas Cromwell, de la Nouvelle-Écosse, pour succéder à Michel Bastarache.

Tout cela pour dire que la nomination d'un juge à la Cour suprême ne tient pas strictement à l'éclat du parcours juridique du candidat. Les premiers ministres fédéraux n'ont pas hésité à choisir des juges, à compétences égales, en fonction d'objectifs qui collaient à leur vision sociale ou politique.

Ainsi, la nomination de Bertha Wilson, première femme à accéder à la magistrature de la Cour suprême, en 1982, n'a pas été le fruit d'un jeu de roulette juridique, mais plutôt un geste délibéré, fait par Pierre Trudeau. Une vingtaine d'années plus tard, Jean Chrétien a martelé le même clou en désignant Beverley McLachlin comme première femme juge en chef du plus haut tribunal du pays.

Au cours de son second mandat, l'ancien premier ministre libéral a confié la question, délicate, du droit à la sécession du Québec à la Cour suprême. Pendant la même période, il a beaucoup francisé la Cour en privilégiant les candidatures bilingues. On peut croire qu'un des objectifs de cette approche a consisté à vouloir consolider la légitimité de la Cour suprême au Québec à un moment névralgique de son histoire.

À Ottawa, la nomination d'un juge au plus haut tribunal du pays demeure un des gestes les plus politiques que puisse accomplir un premier ministre. Ce dernier est d'ailleurs traditionnellement considéré comme l'architecte en chef de la Cour suprême. Il serait surprenant que le juge Bastarache — dont les convictions n'ont pas été étrangères à son ascension sur la scène juridique — conclue, au terme des travaux de sa commission sur le processus d'accession à la magistrature du Québec, que le choix de futurs juges québécois devrait relever de la seule inspiration de fonctionnaires anonymes. *(1ᵉʳ juin 2010)*

La loi des conséquences inattendues

Quand la classe politique du Canada — moins le Québec — s'est entendue pour rapatrier la Constitution, en novembre 1981, les premiers ministres réunis à Ottawa ne connaissaient pas le génie qu'ils allaient faire sortir de la bouteille.

Aujourd'hui, personne ne conteste le fait que l'épisode du rapatriement a eu des répercussions structurantes sur le Canada social et politique. Ces répercussions ont dépassé et souvent contredit les attentes des hommes réunis autour de la table.

Les femmes, les homosexuels et les minorités des deux langues officielles ont été parmi les gagnants de l'instauration d'une Charte des droits et libertés. Mais ses auteurs politiques n'avaient pas prévu ces victoires juridiques.

Au moment du rapatriement, Pierre Elliott Trudeau était convaincu que les dispositions de la Charte ne toucheraient pas les restrictions du Code criminel sur l'accès à l'avortement. En 1988, la Cour suprême les invalidait.

Dans le dossier linguistique, les procureurs fédéraux avaient d'abord plaidé, sans succès, contre l'idée que les garanties de la Charte donnent aux minorités des langues officielles le droit de gérer leurs écoles.

Plus près de nous, au début des années 2000, les avocats d'Ottawa ont argumenté, en vain, contre le droit au mariage des conjoints de même sexe.

La scène politique n'a pas échappé à cette loi des conséquences inattendues. Le rapatriement a été le grand triomphe du premier ministre Pierre Trudeau, mais son parti ne s'en est pas remis. Jusque-là, le Québec était une forteresse rouge sur laquelle les libéraux fédéraux régnaient sans partage. Après 1981, le Québec francophone leur a tourné le dos. Depuis, le Parti progressiste-conservateur, le Bloc québécois et, aujourd'hui, le NPD ont occupé la place qui était celle du Parti libéral fédéral au Québec, et celui-ci se retrouve désormais troisième aux Communes.

L'exclusion du Québec de l'entente de 1981 a mené Brian Mulroney au pouvoir en 1984. Mais les efforts de réconciliation constitutionnelle qu'il a faits ont par la suite conduit à l'éclatement de la coalition sur laquelle reposait le Parti progressiste-conservateur.

En novembre 1981, les premiers ministres qui avaient fait faux bond à René Lévesque pour se rallier à Pierre Trudeau avaient soutenu que l'exclusion du Québec était un événement hors norme, attribuable au fait que son gouvernement était souverainiste et, par conséquent, peu désireux de participer à un règlement constitutionnel.

Au fil des années, toutefois, la pratique a fini par devenir une habitude. En mai dernier, le Parti conservateur a remporté une majorité gouvernementale à laquelle le Québec n'a à peu près pas contribué. Dans le reste du Canada, des observateurs ont salué ce développement inédit dans l'histoire électorale de la fédération.

En 1981, les architectes du rapatriement avaient affirmé que leur démarche visait à rendre la Constitution aux Canadiens. Ils ont été pris au pied de la lettre.

Selon Bob Rae, qui, de Queen's Park, a vécu les événements de Meech et de Charlottetown, le sentiment que la Constitution appartient désormais en propre à l'électorat a alimenté l'hostilité populaire à l'égard d'arrangements constitutionnels négociés à huis clos entre chefs de gouvernements. Ce même populisme a donné naissance au Parti réformiste, dans la mouvance duquel s'inscrit le gouvernement fédéral actuel.

Au cours des 30 dernières années, les tribunaux se sont inspirés de la Charte pour pousser la classe politique sur des terrains où elle avait peur de s'engager. Mais ce faisant, les juges ont dédouané les élus de la responsabilité de décisions controversées sur des fronts chauds, comme l'avortement, le mariage gai ou les droits linguistiques.

Avec le temps, les hommes et les femmes politiques se sont accoutumés à attendre que les tribunaux leur imposent une marche à suivre dans des dossiers épineux et à laisser le vent du populisme circonscrire leurs actions. Aujourd'hui, le courage politique est devenu une denrée rarissime au Canada, tous paliers confondus.

Les premiers ministres réunis à Ottawa en novembre 1981 sont devenus des géants dans la légende populaire canadienne. Mais leur boulot a contribué à réduire leurs successeurs en nains.

(1er novembre 2011)

Avortement : Harper n'exaucera pas les prières

Parmi les droits protégés par la Charte canadienne des droits et libertés, aucun n'a été remis en question aussi souvent au Parlement que celui des femmes de décider de porter ou non un fœtus à terme. Si la tendance se maintient, le prochain vote des députés sur la question pourrait être le dernier pour un bon bout de temps.

Depuis que la Cour suprême a invalidé les dispositions du Code criminel relatives à l'avortement, en 1988, les Parlements qui se sont succédé à Ottawa ont été appelés régulièrement à se prononcer sur la question. Le Parlement issu du scrutin de l'an dernier ne fera pas exception.

Sitôt réélu, le député conservateur ontarien Stephen Woodworth accouchait d'une motion visant à charger une commission parlementaire de se pencher sur les droits du fœtus. Il voudrait rallier ses collègues à l'idée que le fœtus soit légalement considéré comme un être humain (avec des droits juridiques équivalents à ceux de la mère) dès la conception, plutôt qu'après la naissance.

C'est la énième fois que le mouvement antiavortement monte au front depuis l'élection de Stephen Harper, et les initiatives à répétition de députés conservateurs font dire aux critiques qu'il tente d'introduire par la porte arrière un débat qu'il s'est engagé à ne pas rouvrir.

Jusqu'à présent, les faits n'appuient pas cette thèse. Lors d'un vote tenu avant les dernières élections, 40 conservateurs, dont le premier ministre et la majorité des membres du Cabinet, ont voté avec l'opposition pour défaire un projet de loi privé sur l'avortement. Dans ce cas-ci, tout indique que Stephen Harper voudrait frapper un grand coup... mais pas dans le sens des prières de la droite religieuse.

Le mois dernier, c'est le whip en chef du gouvernement qui a réagi à la proposition de revoir le statut juridique du fœtus. Sa réplique était sans équivoque.

« Je n'arrive pas à comprendre pourquoi ceux qui s'opposent catégoriquement à l'avortement veulent imposer leurs croyances aux autres au moyen du Code criminel, a déclaré Gordon O'Connor. Aucune loi ne dit que les femmes doivent se faire avorter. Personne ne force les femmes qui sont contre l'avortement à en subir un. La Chambre des communes n'est pas un laboratoire. Elle n'est ni un lieu de culte, ni une université, ni un hôpital. Elle est une assemblée législative, et une assemblée législative s'occupe des lois... »

Personne ne peut douter que le ministre O'Connor était en mission commandée. À titre de whip, il est le préfet de discipline du gouvernement. Ce n'est pas le genre de fonction dont le titulaire a le luxe de sortir du rang, même par conviction personnelle. D'ailleurs, le premier ministre a déploré l'initiative du député Woodworth.

On a reproché à Harper d'avoir permis à un de ses députés de présenter une motion sur l'avortement. Le fait est que les députés — même quand ils siègent — disposent tout de même d'une zone minimale d'autonomie. Faudrait-il leur enlever le peu de pouvoir d'initiative qui leur reste ?

Il est irréaliste de penser que le premier gouvernement majoritaire conservateur en deux décennies aurait réussi à se soustraire à un test sur le droit à l'avortement pendant un mandat complet.

L'avènement d'un gouvernement composé comme celui de Stephen Harper a longtemps été le plus grand espoir du mouvement antiavortement. La droite religieuse n'a jamais été aussi présente qu'au sein du présent gouvernement. Mais il est loin d'être évident qu'elle y est majoritaire, surtout dans la foulée de l'arrivée de nouveaux députés, souvent issus de régions plus urbaines, au scrutin de l'an dernier.

Si l'opération actuelle, qui se déroule tandis que l'alignement des planètes est optimal, se solde par un échec, ce sera le coup le plus dur infligé à la cause antiavortement depuis l'arrêt Morgentaler.

En 1986, un vote libre tenu par un autre gouvernement conservateur majoritaire en début de mandat avait mis fin aux tentatives de rétablissement de la peine de mort. Le prochain vote du Parlement sur le droit à l'avortement n'aura pas nécessairement un effet aussi dissuasif, mais il aura le mérite d'envoyer aux Canadiens de toutes tendances un signal plus clair sur les intentions du gouvernement Harper que quatre années de jeux de coulisses au caucus conservateur. *(15 juin 2012)*

Le bâillon étrangleur

Si le premier ministre Stephen Harper s'est organisé pour que la plus récente motion liée à l'avortement à émaner de l'aile religieuse de son caucus soit jugée non recevable, c'est parce qu'il était loin d'être certain qu'elle allait être défaite ou qu'elle allait l'être sans causer d'embarras à tous les partis aux Communes.

Il y a pourtant dans le Parlement actuel une forte majorité de députés qui s'opposent à la réouverture du dossier de l'avortement. Cette majorité inclut le premier ministre et la plupart de ses ministres.

L'automne dernier, la Chambre a exprimé sans équivoque sa volonté sur la question lors d'un vote sur une motion prônant l'examen par une commission parlementaire des droits du fœtus. La proposition du député conservateur Stephen Woodworth a été rejetée par 203 votes contre 91. Mais la motion 408, qui a rallumé la mèche au Parlement ce printemps, était d'une autre nature. Elle demandait à la Chambre de « condamner la discrimination contre les femmes qui survient lors d'interruption de grossesse liée à la sélection du sexe ».

Prise au pied de la lettre, la motion aurait pu être adoptée à l'unanimité. À première vue, le recours à l'avortement pour éviter de donner naissance à une fille est une pratique que réprouvent l'ensemble des députés fédéraux.

Dans cet esprit, des députés ont argué qu'un vote sur la motion 408 aurait été une perte de temps, puisque celle-ci se résumait à demander aux parlementaires de réitérer une évidence. Sauf que la Chambre des communes se prononce régulièrement sur des évidences. Si l'adoption de motions parlementaires qui prônent l'élimination de la pauvreté était garante de mesures efficaces en ce sens, il n'y aurait plus de pauvres au Canada !

D'autres, plus nombreux, ont vu la motion comme un stratagème pour réintroduire la question de l'avortement aux Communes. Il ne fait aucun doute que le mouvement antiavortement a pesé de tout son poids dans l'initiative de Mark Warawa.

Cela dit, à quoi sert un cheval de Troie quand il n'y a rien à l'intérieur ? Ce n'est pas parce que les intervenants dans le débat sur l'avortement sont capables de s'entendre pour s'insurger contre une pratique insidieuse que son existence justifie une loi fédérale pour encadrer l'avortement, plutôt que l'adoption de normes provinciales plus sévères en matière de divulgation du sexe du fœtus.

Il y a des débats au Canada dans le cadre desquels le langage codé a fini par faire perdre leur sens aux mots. Les sujets de l'assurance maladie ou de la Constitution, comme celui de l'avortement, sont de ceux-là. À tous les coups, ce n'est pas une bonne nouvelle pour la santé démocratique canadienne, qui en subit les effets pervers. À cet égard, l'épisode actuel est un cas d'espèce.

À Ottawa, l'horaire de la journée parlementaire réserve un petit quart d'heure à des déclarations de simples députés, lesquelles ne doivent pas excéder 60 secondes. Quand Mark Warawa a voulu utiliser cette plage de temps pour dénoncer le traitement fait à sa motion, son parti l'a retiré de la liste des intervenants conservateurs inscrits à l'ordre du jour.

Dans la foulée de ces événements, plusieurs commentateurs ont félicité le premier ministre d'avoir joint le geste à la parole en muselant son député antiavortement. Selon eux, l'engagement électoral de Stephen Harper de ne pas rouvrir le dossier de l'avortement justifie l'instauration (tardive) d'une règle de tolérance zéro. Après tout, les députés qui se sont fait élire sous sa bannière se sont présentés en toute connaissance de cause.

Ce bâillon imposé à Ottawa constitue toutefois une pente bien plus savonneuse que celle sur laquelle la motion 408 aurait supposément engagé le Parlement.

Pendant des années, les principaux partis aux Communes ont milité contre le mariage des conjoints de même sexe. Sous Jean Chrétien, les députés ont même adopté une définition du mariage qui stipulait que cette institution était exclusivement réservée aux couples hétérosexuels.

Cela n'a pas empêché de simples députés de faire inlassablement la promotion du mariage gai. De la même façon, il se trouve dans chaque Parlement des députés et des sénateurs pour monter au créneau du suicide assisté, même si leur parti s'oppose à sa légalisation. Selon le principe appliqué au député Warawa, faudrait-il aussi les bâillonner? *(15 mai 2013)*

L'après-22 octobre

La date du 22 octobre 2014 — jour de la fusillade qui a ébranlé la colline du Parlement fédéral — est-elle appelée à passer à l'histoire comme le 11 septembre 2001 du Canada?

Dans le feu d'une journée tragique, il s'est trouvé des commentateurs pour le laisser entendre. La comparaison mérite qu'on s'y arrête, ne serait-ce que pour mettre en lumière des différences fondamentales.

À la suite des attentats de 2001, le Canada s'est trouvé aux prises avec une nouvelle réalité, qui avait moins à voir avec sa sécurité physique qu'avec sa prospérité. Du jour au lendemain, la sécurité était devenue la priorité absolue de son principal partenaire commercial, dont il partage la frontière. À l'époque, un des principaux risques que les dirigeants politiques canadiens se sont activés à atténuer a été celui de voir cette frontière devenir un goulot d'étranglement économique.

Davantage que d'éventuelles menaces à la sécurité de sa population, l'intérêt supérieur de l'économie canadienne avait justifié l'empressement du gouvernement de Jean Chrétien à resserrer des lois, à revoir les politiques d'immigration et les contrôles aux frontières.

Les répercussions géopolitiques de l'introduction d'un tireur fou au parlement fédéral — même dans la foulée d'un premier attentat motivé par des considérations politiques — sont, somme toute, insignifiantes à l'échelle de celles des attentats du 11 septembre. C'est d'autant plus le cas que la thèse selon laquelle le

Canada aurait servi de banc d'essai à des attentats terroristes d'envergure dans d'autres capitales a été plus ou moins écartée rapidement.

Les élus canadiens, par contre, se sentent nettement plus menacés. En voyant le premier ministre, Stephen Harper, faire l'accolade à Thomas Mulcair et à Justin Trudeau au lendemain de la fusillade, des journalistes ont noté que, même après le 11 septembre, la Chambre des communes n'avait pas été le théâtre de scènes aussi chargées d'émotion.

Mais en 2001, c'est par personnes interposées que le choc des attentats terroristes avait secoué le Parlement. Le 22 octobre, députés et ministres se sont retrouvés dans le feu de l'action au sens propre du terme.

Jean Chrétien avait la réputation d'être un premier ministre intrépide qui faisait frémir ses gardes du corps en plongeant dans des foules parfois survoltées. Lorsqu'un intrus s'est rendu jusqu'à la porte de sa chambre à coucher à la résidence officielle du 24 Sussex, en 1995, il a néanmoins été démonté par l'incident pendant un certain temps.

Qu'un si grand nombre d'élus fédéraux aient vécu de si près un épisode particulièrement violent de la vie politique du Canada est sans précédent. Et à ce contexte inédit, il faut inévitablement ajouter une échéance électorale rapprochée.

Avant même que le destin se mette de la partie, le plan stratégique du gouvernement consistait à présenter Stephen Harper comme l'homme de la situation sur une planète de plus en plus incertaine.

Aucun parti n'est identifié autant au maintien de l'ordre que celui du premier ministre. Dans la mesure où ce sujet pourrait devenir une priorité pour un plus grand nombre d'électeurs au cours de la prochaine campagne, les conservateurs ne laisseront pas les Canadiens l'oublier.

Mais l'arme est à double tranchant. Le penchant des conservateurs à ne pas faire dans la dentelle en matière de lois répressives inspire autant, sinon plus, de méfiance que de confiance au sein de l'électorat. Et dans le Canada de l'après-11 septembre, l'espace pour légiférer efficacement et dans le respect des droits fondamentaux est pour le moins restreint.

Dans tous les cas de figure, le Canada pourrait difficilement changer davantage après le 22 octobre 2014 qu'il ne l'a fait depuis le 11 septembre 2001.

Bref, dans le prolongement des événements de Saint-Jean-sur-Richelieu et d'Ottawa, le contexte préélectoral pourrait se prêter à la dérive législative. Mais l'imminence d'un scrutin garantit aussi que les Canadiens auront, s'ils le jugent nécessaire, l'occasion d'ajuster le tir dès l'an prochain.

Après le 11 septembre, le Canada s'est retrouvé sous haute surveillance à Washington. À la suite des attentats d'octobre, c'est le gouvernement de Stephen Harper qui est sous haute surveillance préélectorale.

Au final, et contrairement à ce qui fut le cas après le 11 septembre, l'après-22 octobre sera, pour l'essentiel, ce que les Canadiens accepteront d'en faire. (*1ᵉʳ décembre 2014*)

Taire ou ne pas taire

Il y avait beaucoup d'inconnues à la clé de l'équation politique qui a récemment amené le chef libéral, Justin Trudeau, à suspendre deux députés — le Montréalais Massimo Pacetti et le Terre-Neuvien Scott Andrews —, parce qu'ils étaient soupçonnés de fautes graves à l'égard de deux collègues néo-démocrates.

Au moment où l'une des deux députées s'est résolue à mettre le chef libéral au parfum, les incidents remontaient à plusieurs mois.

La décision de la députée de se confier au chef libéral s'inscrivait-elle dans la vague de récits inédits d'agressions sexuelles suscitée par le scandale entourant l'ex-animateur-vedette de la CBC Jian Ghomeshi? Sans doute. Pour autant, la plaignante n'aurait pas réclamé de sanctions particulières à l'endroit des députés que son récit mettait en cause.

Par la suite, des porte-paroles néo-démocrates ont indiqué que les deux femmes n'avaient pas déposé de plaintes officielles, de crainte de détruire la carrière de leurs collègues. On n'est pas ici devant le cas, malheureusement plus classique, de victimes qui se confinent dans le silence de peur de ne pas être crues ou d'être la cible de représailles.

Au moment où il a annoncé la suspension de ses députés, le chef libéral a néanmoins protégé l'identité de celles qui affirmaient être leurs victimes. Il n'a pas révélé leurs couleurs politiques. Aux démentis de ses propres députés, il a préféré les témoignages qui les accablaient. Il n'a pas rendu publics les actes qui leur étaient reprochés.

Justin Trudeau aurait-il dû gérer le dossier autrement? Le chef du NPD, Thomas Mulcair, est de cet avis. Il a pourfendu son homologue libéral, l'accusant d'avoir rendu doublement victimes les deux femmes en cause en levant, aussi minimalement soit-il, le voile sur cet épisode.

Il est exact que d'autres options s'offraient au chef libéral. Il aurait pu faire des remontrances en privé à ses deux députés, les démettre de leurs fonctions au sein du caucus et passer à autre chose. Il aurait pu exiger qu'ils mettent fin discrètement à leur carrière politique. À moins d'un an des élections, il ne se passe pas de mois sans qu'un élu annonce qu'il entend désormais consacrer davantage de temps à sa famille. Les deux intéressés étaient déjà officiellement sur les rangs pour le scrutin de l'an prochain, mais sans doute auraient-ils préféré tirer leur révérence à la fin du printemps plutôt que de voir les gestes qu'on leur reprochait étalés sur la place publique. Certains croient que Justin Trudeau aurait même pu leur montrer la porte sans expliquer sa décision ou encore en invoquant un motif bidon!

Ce que toutes ces solutions de rechange ont en commun, c'est d'éviter d'ébruiter le fond de l'histoire, à savoir d'éventuels écarts de conduite de deux députés masculins.

Les sorties de M. Mulcair laissent entendre qu'au nom de l'intérêt supérieur, à ses yeux, des deux femmes en cause, c'est cette voie d'évitement qu'il aurait empruntée.

Sauf qu'on accuse régulièrement et généralement avec raison des gens qui sont en position d'autorité d'avoir le balai facile quand il est temps de dissimuler de telles histoires sous le tapis.

L'impunité relative dont s'attendent à jouir bon nombre d'agresseurs de tout acabit n'est pas étrangère à leurs actes et aux réticences de leurs victimes à réclamer justice. Ce sentiment d'impunité est souvent encore plus prononcé chez ceux ou celles qui sont en position de relatif pouvoir.

De l'avis de tous ceux qui y évoluent, la colline du Parlement fédéral a toujours été et continue d'être un terreau fertile pour le harcèlement sexuel.

Depuis l'affaire Ghomeshi, députés et journalistes ont témoigné de ce que la face cachée du Parlement — un milieu qui carbure aux relations de pouvoir — n'est pas toujours belle à voir.

Dans un environnement où des élus se sentiraient suffisamment à l'abri de représailles pour s'en prendre à d'autres élues, qu'en est-il des centaines de pages, stagiaires, adjoints qui viennent sur la Colline fédérale se frotter pour la première fois à la politique ? Aucun d'entre eux, aucune d'entre elles n'a le même rapport de force avec les élus et leur garde rapprochée qu'un député à l'égard d'un autre député.

Devant un mal systémique, vaut-il mieux tenter d'arracher ses racines ou continuer à les enterrer ? Poser la question, c'est, me semble-t-il, y répondre. *(15 décembre 2014)*

L'échiquier de la terreur

Dans le débat qui fait rage au sujet de la lutte contre le terrorisme au Canada, chacun des trois partis qui pourraient former le prochain gouvernement fédéral a choisi une position à son image.

L'élargissement du rayon d'action du Service canadien du renseignement de sécurité (SCRS) que propose Stephen Harper correspond au titre de champion toutes catégories de l'ordre public qu'il revendique depuis presque une décennie. Dans le climat d'insécurité actuel, il compte plus que jamais sur cet attribut pour se faire réélire.

Le refus de mettre en place des contrôles plus musclés pour s'assurer que le SCRS n'abuse pas de sa nouvelle marge de manœuvre correspond également au comportement désormais habituel des conservateurs par rapport à la reddition de comptes.

Il n'est guère de garde-fous que le gouvernement en place n'ait tenté de défoncer depuis son arrivée au pouvoir, et le comité de surveillance actuel du SCRS n'a pas échappé à l'approche désinvolte du premier ministre. Il y a quelques années, Stephen Harper en avait même confié la direction à Arthur Porter, l'ancien patron du CUSM qui est aujourd'hui en instance d'extradition du Panamá pour faire face à des accusations de corruption au Canada.

C'est toujours à ce comité que le gouvernement propose de confier la tâche de surveiller un service de renseignement aux pouvoirs accrus, et ce, même si la dernière fois que les agents de renseignement ont été investis de la même mission, les résultats ont été alarmants.

Pendant les années 1970, des personnages qui n'avaient rien à se reprocher, comme le chef fondateur du NPD fédéral, Tommy Douglas, ont été mis sur écoute. Des partis qui agissaient en toute légalité, comme le Parti québécois, ont été ciblés.

Quitte à promettre de baliser le projet conservateur s'il est porté au pouvoir l'automne prochain, le Parti libéral a néanmoins choisi de l'appuyer. Selon Justin Trudeau, l'attribution de pouvoirs élargis au Service du renseignement est une nécessité. Surtout, la priorité préélectorale du PLC consiste à envoyer le message qu'un gouvernement libéral ne serait pas moins soucieux de sécurité publique que son rival conservateur.

Si le passé est garant de l'avenir, il n'est pas permis d'en douter. Dans la foulée des attentats du 11 septembre, le gouvernement Chrétien avait lui aussi appuyé sur l'accélérateur en matière de sécurité. À l'époque, il ne s'était guère davantage soucié de balises que Stephen Harper aujourd'hui.

C'est sous la gouverne libérale que Maher Arar a été envoyé par les services de renseignement américains vers les chambres de torture de la Syrie. Et tant qu'ils ont été au pouvoir, les libéraux ont refusé d'envisager le rapatriement d'Omar Khadr — alors adolescent — de Guantánamo.

Le NPD, de son côté, estime que le projet de loi C-51 devrait être mis au rancart. Il en a notamment contre la définition, très floue, de ce qui constitue un acte terroriste. Selon certains experts, cela pourrait, par exemple, placer les environnementalistes et les Premières Nations qui s'opposent aux projets d'oléoducs dans la mire des agents de renseignement.

Il faut dire que l'ADN du NPD ne le prédispose pas à appuyer ce genre de mesures. Au plus fort de la crise d'Octobre, en 1970, le parti avait voté contre la décision libérale de suspendre les libertés civiles au Québec. Et après le 11 septembre, le NPD s'est opposé à la mise au point du gouvernement Chrétien concernant la sécurité.

Parce que Justin Trudeau a choisi de plier devant le projet de Stephen Harper, le chef du NPD l'a qualifié de roseau. Selon les sondages, Thomas Mulcair aura besoin de la solidité d'un chêne pour résister au vent contraire à sa position dans l'opinion publique.

Ou peut-être pas.

Certes, le projet de loi C-51 jouit d'un appui écrasant au sein de l'électorat. Le mois dernier, un sondage Angus Reid chiffrait cet appui à 82 %. Mais une proportion presque aussi écrasante de répondants réclamait du même souffle une supervision plus musclée des activités du SCRS.

Au Québec, un sondage CROP-*La Presse* mené dans la foulée de la présentation du projet de loi plaçait toujours les conservateurs en quatrième place — plus de 10 points derrière le NPD et le PLC.

Peut-on aimer la loi de Stephen Harper sans voter pour son auteur? Pour le moment, c'est ce que laissent entendre les sondages. *(1ᵉʳ avril 2015)*

$$* \, * \, *$$

Charlottetown, 17 ans plus tard

Si l'accord de Charlottetown avait été adopté en octobre 1992, l'ancien entraîneur du Canadien Jacques Demers ne serait pas aujourd'hui sénateur et le général à la retraite Roméo Dallaire non plus.

Ni l'un ni l'autre n'aurait été nécessairement tenté de s'engager dans la politique active pour se faire élire à la Chambre haute. Surtout que dans un Sénat élu, les provinces auraient été à égalité. Les six sièges du Québec auraient été très demandés.

Sous le régime de Charlottetown, le Conseil de la fédération, si cher au cœur de Jean Charest, n'aurait pas vu le jour. À la place, les conférences des premiers ministres seraient devenues un rouage central du fonctionnement de la fédération canadienne, et le premier ministre fédéral aurait été forcé de s'asseoir à la même table que ses homologues provinciaux au moins une fois l'an. Le rendez-vous de Copenhague sur les changements climatiques de même que la grippe H1N1 auraient certainement été à l'ordre du jour cette année.

Le débat sur le rôle du gouvernement canadien en culture, qui a tant animé la dernière campagne fédérale, se serait présenté différemment, puisque le Québec aurait été seul maître d'œuvre dans ce domaine sur son propre territoire depuis plus d'une décennie. Qui sait quelles répercussions la lutte contre le déficit de la deuxième moitié des années 1990 aurait eues sur ce secteur de la vie québécoise?

Les maires des grandes villes passeraient moins de temps à flirter avec Ottawa et davantage avec Québec, Toronto ou Victoria, car les affaires urbaines et municipales relèveraient exclusivement des provinces. Et dans un Canada où les forêts auraient été de compétence exclusivement provinciale, le contentieux sur le bois d'œuvre se serait peut-être réglé différemment ; les provinces seraient les premières responsables de la survie de cette industrie et des collectivités qui en dépendent.

Le Sénat ne pourrait pas mener une guerre de tranchées contre les projets d'un gouvernement minoritaire libéral ou conservateur, puisqu'il disposerait de 30 jours pour statuer sur les projets de loi adoptés à la Chambre des communes. Mais en cas de collision frontale, un vote à la majorité des deux chambres réglerait le contentieux. Dans un Sénat élu, les partis seraient plus équitablement représentés, y compris le NPD.

La Chambre des communes n'aurait sans doute pas été saisie de la question de la reconnaissance du statut de nation du Québec, puisque le caractère distinct de la société québécoise ainsi que le devoir de l'Assemblée nationale et du gouvernement du Québec d'en assurer l'épanouissement auraient été intégrés dans la Constitution.

Des droits sociaux comme l'accès universel à un système de santé public et à un environnement sain auraient été constitutionnalisés, et un mécanisme de surveillance aurait été mis en place pour les faire respecter. L'objectif d'une économie axée sur le développement durable aurait également été inscrit dans la Constitution.

L'accord de Charlottetown a été la dernière grande «corvée» constitutionnelle canadienne. Dans l'atmosphère toxique de l'après-Meech, l'échec de l'opération était écrit dans le ciel. Au référendum d'octobre 1992, six provinces et un territoire, comptant pour 54 % des électeurs, l'ont rejeté.

En rétrospective, le fait que les élites politiques de l'époque soient parvenues à un aussi vaste consensus constitue en soi un tour de force. Aujourd'hui, la négociation d'un tel accord semble impensable. D'ailleurs, Charlottetown a laissé peu de traces. L'égalité du français et de l'anglais dans les institutions du Nouveau-Brunswick est une des rares dispositions à avoir survécu.

C'est le projet imminent d'une redistribution électorale plus respectueuse de la réalité démographique des provinces qui m'a amenée à dépoussiérer la défunte proposition d'accord. Charlottetown donnait l'assurance que le Québec compterait pour 25 % aux Communes à perpétuité et comportait l'obligation de rallier une double majorité — absolue et francophone — au Sénat pour que soit adoptée une loi touchant la langue ou la culture.

En 1992, le mouvement nationaliste québécois était en pleine ascension. Néanmoins, 43 % des Québécois ont appuyé l'accord de Charlottetown. Parmi ses opposants, il faut compter des fédéralistes purs et durs, ralliés au Non par l'ex-premier ministre Pierre Trudeau.

La colère de l'après-Meech a-t-elle été mauvaise conseillère ? On ne peut pas réécrire l'histoire, mais dans le climat plus serein qui règne actuellement, il est tout à fait possible que l'accord passerait la rampe au Québec. Ce n'est pas pour autant le cas dans les neuf autres provinces. Depuis ce rendez-vous manqué, le Québec est devenu plus fédéraliste, mais le reste du Canada est devenu moins accommodant. *(15 novembre 2009)*

De remarquables futurs oubliés

Tous les Parlements ont une âme, à laquelle aucun livre d'histoire ne peut rendre justice. Les députés qui l'incarnent sont rarement chefs de leurs partis respectifs. Après leur retraite de la politique, on ne trouvera pas leur portrait accroché à côté de ceux des Pierre Trudeau, Brian Mulroney et Jean Chrétien aux murs du hall d'honneur de l'édifice du Centre du Parlement. Et pourtant...

Ces parlementaires, qui n'ont pas que le titre d'honorable, sont au cœur de la vie de la Chambre des communes. En voici trois, dont le départ à la retraite se fera sentir dans le prochain Parlement.

Pendant que ses contemporains politiques dévoraient Machiavel, Peter Milliken déchiffrait les textes arides consacrés à la procédure parlementaire et rêvait d'en écrire quelques lignes. Ce sera finalement tout un chapitre.

Député libéral sortant de Kingston-et-les-Îles, en Ontario, Peter Milliken a non seulement réalisé son rêve de devenir président de la Chambre des communes, mais il a occupé son fauteuil pendant plus de temps que tous ses prédécesseurs.

Au cours de ses 10 années à la présidence, il a vu passer trois premiers ministres et quatre gouvernements, dont trois minoritaires. Au printemps de 2005, il a tranché un vote de confiance en faveur du gouvernement minoritaire de Paul Martin, le sauvant d'élections précipitées. (Quand un vote au Parlement se solde par l'égalité des voix, la tradition veut que le président tranche en votant contre la motion ou le projet de loi en question.)

Lors de la dernière année, le président de la Chambre a reconnu trois fois le gouvernement de Stephen Harper coupable d'outrage au Parlement. C'est un record dans les annales fédérales. Dans un Parlement au sein duquel l'opposition majoritaire n'a pas toujours eu le courage de ses convictions, Peter Milliken a gardé avec distinction les buts de la démocratie parlementaire.

Dans l'imaginaire fédéral, il y a une place particulière pour les parlementaires qui, sans avoir été premiers ministres, se sont distingués pour leur contribution au débat sur la politique étrangère du Canada. Parmi ceux-là, on compte notamment Joe Clark et Lloyd Axworthy dans le rôle de ministre des Affaires étrangères, Bob Rae dans son poste actuel de critique de ce même portefeuille... et la députée bloquiste sortante de La Pointe-de-l'Île, Francine Lalonde.

Jusqu'à ce que la maladie la force à cesser de parcourir la planète, Francine Lalonde s'est occupée d'un dossier dans lequel peu d'observateurs s'attendaient à ce que le Bloc québécois se taille une place crédible. Ses collègues fédéralistes se souviendront d'elle comme d'une députée qui a systématiquement fait mentir l'idée qui veut que le Bloc ne s'intéresse qu'aux sentiers étroits par lesquels les dollars fédéraux voyagent vers le Québec.

Francine Lalonde n'aura pas vu son rêve d'un Québec souverain se réaliser, mais elle aura quand même laissé un cadeau de départ à ses amis canadiens. Avec son projet de loi sur le droit de mourir dans la dignité, elle a aidé à faire germer un débat fondamental auquel n'échapperont pas éternellement les élus fédéraux.

Si Stephen Harper est chef d'un Parti conservateur réunifié et premier ministre du Canada, c'est en partie grâce à une poignée de députés réformistes qui ont pris leur courage à deux mains en 2001 et quitté leur formation pour rejoindre temporairement la poignée de progressistes-conservateurs que dirigeait alors Joe Clark. Le député de Chilliwack-Fraser Canyon, Chuck Strahl, était à leur tête.

Débarqué aux Communes avec la première vague réformiste, le ministre sortant des Transports a toujours fait preuve d'une ouverture qui ne correspond pas à l'image de rigidité intellectuelle que bien des électeurs se font d'un conservateur animé par de fortes convictions religieuses.

Depuis six ans, Chuck Strahl vit avec un cancer des poumons inopérable. Pendant cette période, il a dirigé trois ministères et fait l'aller-retour entre la Colombie-Britannique et Ottawa presque toutes les semaines. Surtout, il est devenu une force tranquille du cabinet Harper.

Le Parti libéral a perdu la bataille contre le libre-échange canado-américain, qui avait amené Peter Milliken à Ottawa, en 1988. De 1993 à aujourd'hui, la souveraineté chère au cœur de Francine Lalonde ne s'est pas réalisée. Le gouvernement conservateur que Chuck Strahl laisse derrière lui ne ressemble pas beaucoup au Parti réformiste auquel il a adhéré. On dit souvent que ce sont les gagnants qui écrivent l'histoire, mais ce n'est pas vrai lorsqu'il s'agit de l'histoire parlementaire. (*15 avril 2011*)

Effets « per-verts »

Il fut un temps où l'arrivée d'une nouvelle ministre fédérale de l'Environnement, issue du Grand Nord canadien et d'origine inuite de surcroît, aurait été le fait saillant d'un remaniement de mi-mandat.

Pourtant, l'été dernier, la nomination de Leona Aglukkak, en remplacement de Peter Kent, a à peine fait couler l'encre indispensable pour inscrire son nom dans sa case ministérielle.

De sujet chouchou à l'époque où Stéphane Dion en avait fait le cheval de bataille du Parti libéral, en 2008, l'environnement est devenu, cinq ans plus tard, un parent pauvre qui fait peu ou pas de vagues aux Communes. La crise financière qui a secoué les places boursières en 2008 n'est pas étrangère à la disparition de l'environnement du centre de l'écran radar politique.

Cela dit, contrairement à bon nombre de ses partenaires, le Canada n'a pas été dans l'œil de la tempête économique. De plus, sa contre-performance en matière de lutte contre les changements climatiques — loin de lui avoir dégagé une marge de manœuvre sur d'autres fronts prioritaires — plombe aujourd'hui son ambition de s'imposer comme superpuissance énergétique.

Pour quiconque se préoccupe de la santé de l'économie canadienne, la gestion fédérale du dossier de l'environnement n'est pas une question d'intérêt secondaire. Comment alors expliquer qu'elle occupe de moins en moins de place dans le débat politique ?

Selon l'ancien candidat à la direction du Nouveau Parti démocratique fédéral Brian Topp, la situation tient davantage au rapport de force entre les divers partis qu'à l'importance, indéniable, de l'enjeu environnemental.

Après sa défaite au leadership contre Thomas Mulcair, Brian Topp est retourné dans les coulisses de sa formation. Au printemps dernier, ce stratège aguerri a dirigé la campagne électorale ratée du NPD en Colombie-Britannique. À l'échelle des défaites douloureuses du NPD, celle-ci arrive tout près du haut de la liste ; au déclenchement des élections, tous les sondages donnaient les néo-démocrates gagnants.

Le vent a tourné quand le NPD a pris position contre la construction de nouveaux oléoducs en Colombie-Britannique. Cette manœuvre visait à contrer le Parti vert. Mais en se radicalisant sur la question des pipelines, le NPD a finalement perdu davantage de votes parmi les électeurs qui cherchaient un gouvernement susceptible d'équilibrer développement économique et environnement qu'il n'en a enlevé aux verts.

Dans une analyse des déboires de sa campagne, Topp consacre quelques paragraphes percutants à cet épisode. Il avance que l'arrivée en scène des verts en Colombie-Britannique comme sur la scène fédérale est un facteur majeur dans l'évacuation du débat environnemental de l'arène politique. Selon lui, les verts — malgré leurs efforts pour élargir leur discours — continuent d'être identifiés au seul dossier de l'environnement. Plus il en est question, plus le parti prend de la place, et aucun de ses rivaux ne peut lui disputer son monopole sans s'écarter dangereusement de la mouvance principale de l'électorat. Jugeant qu'ils n'ont rien à gagner sur le terrain de l'environnement, néo-démocrates, libéraux et conservateurs y passent de moins en moins de temps.

L'analyse de Topp n'est pas complètement désintéressée. En Colombie-Britannique, le Parti vert est souvent une menace pour le NPD, au même titre que ses rivaux conservateurs ou libéraux.

Le fait est, néanmoins, que depuis l'arrivée d'Elizabeth May aux Communes, il y a deux ans, il a été moins question d'environnement, plutôt que davantage. La longue course au leadership libéral de la dernière année a laissé très peu de place à ce sujet. Pour faire le poids contre Elizabeth May, l'opposition officielle néo-démocrate a confié le dossier à Megan Leslie, une de ses plus efficaces députées, mais on ne peut pas dire pour autant qu'elle préside à un grand virage vert au sein du NPD fédéral.

Ce n'est pas nier la contribution de tiers partis comme le Parti vert que de constater que cette contribution serait plus appréciable et comporterait moins d'effets pervers dans un système électoral plus proportionnel.

C'est tout aussi vrai au Québec, où, avec l'implantation durable de Québec solidaire dans le paysage, les autres partis, à commencer par le Parti québécois, ont de plus en plus tendance à chercher leur salut électoral ailleurs que sur le front de la justice sociale. *(1ᵉʳ novembre 2013)*

Lucien Bouchard et le prophète Mahomet

Quand la caricaturiste de l'*Ottawa Sun,* Sue Dewar, a dessiné un castor qui rongeait à belles dents la jambe artificielle de Lucien Bouchard, en 1995, elle a reçu des centaines de menaces de mort.

À l'évidence, ce ne sont pas ses lecteurs habituels qui ont proféré ces menaces. En cette année référendaire, le chef du Bloc québécois était la bête noire du reste du Canada. La caricature reflétait les sentiments d'une partie de l'opinion publique de l'extérieur du Québec.

Les journaux de Sun Media n'ont jamais fait dans la dentelle. Il y a toujours eu une bonne dose de provocation dans leur traitement journalistique. Le dossier Canada-Québec a longtemps été dans leur mire. Le dessin qui a fait scandale était représentatif de leur culture d'entreprise.

Lucien Bouchard se remettait tout juste de l'épisode de «bactérie mangeuse de chair» qui lui a coûté une jambe. Au Québec, la caricature a provoqué un immense tollé. À l'Assemblée nationale et à la Chambre des communes, les élus se sont précipités pour la dénoncer, pas tant parce qu'elle était de très mauvais goût que parce que, dans le contexte de l'époque, elle ne pouvait qu'enflammer des esprits déjà échauffés.

Lucien Bouchard n'est pas le prophète Mahomet, mais il n'est pas faux de dire qu'au milieu des années 1990 bon nombre de

Québécois — y compris bien des fédéralistes — lui vouaient un culte. Aux yeux de ses très nombreux admirateurs, il marchait sur l'eau.

Pendant les premières années qui ont suivi le drame médical qu'a vécu M. Bouchard, des expressions comme «partir du bon pied», «s'enfarger dans les fleurs du tapis», «trouver chaussure à son pied» ou encore «marcher sur des œufs» ont même régulièrement été bannies des textes des chroniqueurs qui couvraient ses activités politiques.

Les sentiments qu'il inspirait dans le reste du Canada étaient d'un tout autre ordre. Si de grands médias anglophones ont tenté — pas toujours avec succès — d'éviter de se mettre au diapason du Sun, c'est parce qu'ils préféraient ne pas exacerber des passions déchirantes pour le tissu politique et social du Canada.

Sur le front des relations interculturelles, la culture médiatique canadienne fait une plus grande place à la rectitude politique que la québécoise.

L'épisode récent de *Charlie Hebdo* a mis en évidence ce clivage. Les médias québécois n'ont pas hésité à diffuser des caricatures de Mahomet publiées par le journal satirique français. Dans le reste du Canada, on s'en est abstenu.

Pour les uns, la diffusion de ces dessins était indissociable de la couverture de l'événement. Pour les autres, cette même diffusion était plus susceptible d'alimenter l'intolérance et de heurter la communauté musulmane que d'éclairer le débat.

On est ici davantage devant un cas de sensibilités différentes que devant un débat à trancher au couteau. Cette différence est inspirée, en partie, par des valeurs culturelles américaines, qui ont peu ou pas de prise sur des médias comme ceux du Québec, qui baignent dans un environnement linguistique différent.

Par exemple, récemment, le *Globe and Mail* a retiré l'expression «*tar baby*» du texte d'un ancien ambassadeur du Canada aux États-Unis qui analysait les relations entre les deux pays sous le tandem Obama-Harper.

Derek Burney faisait allusion au dossier des sables bitumineux. Dans la plupart des dictionnaires, on peut lire que l'expression « *tar baby* » est synonyme de situation engluante. Mais aux États-Unis, elle a une connotation péjorative pour la population afro-américaine.

Cela dit, la source de la rectitude politique des élites médiatiques du reste du Canada n'est pas qu'américaine. Au fil des années, le désir d'éviter d'être accusé de Québec *bashing* a stimulé le réflexe collectif de marcher sur des œufs en matière interculturelle.

Qu'il s'agisse de Lucien Bouchard ou du prophète Mahomet, cette rectitude politique à fleur de peau ne fait pas l'unanimité dans les salles de rédaction canadiennes. Du même souffle, néanmoins, on peut également constater que bien des Québécois qui adhèrent sans réserve à l'idée de ne pas mettre de gants blancs pour traiter de sujets délicats aux yeux d'autres collectivités que la leur ont l'épiderme drôlement plus sensible quand il est question d'eux. (*Mars 2015*)